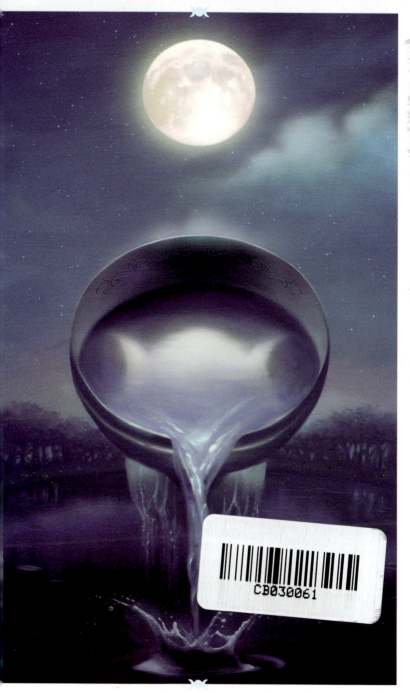

Publicado originalmente pela Lo Scarabeo em 2014 – *Silver Witchcraft Tarot*
Publicado em 2019 pela Editora Alfabeto

Direção Editorial: Edmilson Duran
Produção Editorial: Lindsay Viola
Projeto Gráfico: Lo Scarabeo
Ilustrações: Franco Rivolli
Capa e Diagramação: Décio Lopes
Tradução: Camila Giudilli Cordioli/Rosemarie Giudilli/Renan Papale
Revisão: Luciana Papale
Revisão Técnica: Paulo Rodrigues

DADOS INTERNACIONAIS DE CATALOGAÇÃO NA PUBLICAÇÃO (CIP)
Angélica Ilacqua CRB-8/7057

Moore, Barbara

Tarô Prateado das Bruxas | Barbara Moore Moore; ilustrações de Franco Rivolli | 2ª edição | São Paulo: Editora Alfabeto, 2020.
160 p. : il.

ISBN 978-85-98307-70-1
Título original: Silver Witchcraft Tarot

1. Tarô 2. Cartomancia 3. Wicca I. Título II. Rivolli, Franco

19-0930 CDD 133.3242

Índices para catálogo sistemático:
1. Tarô 133.3242

Todos os direitos reservados, proibida a reprodução total ou parcial por qualquer meio, inclusive internet, sem a expressa autorização por escrito da Editora.

EDITORA ALFABETO
Rua Protocolo, 394 | CEP 04254-030
São Paulo/SP | e-mail: editorial@editoraalfabeto.com.br
Tel: (11) 2351-4720 | www.editoraalfabeto.com.br

TARÔ PRATEADO DAS BRUXAS

BARBARA MOORE

SUMÁRIO

7
INTRODUÇÃO
BEM-VINDO AO
TARÔ PRATEADO DAS BRUXAS

11
CAPÍTULO 1
FUNDAMENTOS DO TARÔ

17
CAPÍTULO 2
COMO FAZER UMA LEITURA

25
CAPÍTULO 3
DEMAIS USOS DO TARÔ

27
CAPÍTULO 4
OS ARCANOS MAIORES

76
CAPÍTULO 5
OS ARCANOS MENORES

122
CAPÍTULO 6
AS CARTAS DA CORTE

143
CAPÍTULO 7
TIRAGEM DO TARÔ

INTRODUÇÃO
BEM-VINDO AO TARÔ PRATEADO DAS BRUXAS

O mundo espiritual e a magia estão vinculados ao mundo material. O espírito do Divino está dentro de tudo o que existe, visto e não visto, e nos conecta um ao outro e a tudo. Somos seres espirituais tendo uma experiência humana nesta terra.

A palavra magia possui muitas definições, mas o que a define essencialmente é seu movimento cósmico consciencial. A mais essencial e básica definição é que magia é estar ciente dos fluxos e movimentos do universo, dos espíritos que o habitam e das energias que por meio dele se confundem.

Magia é perceber essa verdade espiritual e estar apto a trabalhar com ela, uma vez que neste mundo somos seres espirituais vivendo e cocriando essa experiência humana denominada realidade.

Ser um especialista em magia é o mesmo que ter habilidade em qualquer outra modalidade, como ser um ginasta, por exemplo. Inicia-se pelo treino básico, até se adquirir consciência corporal, orientação espacial, equilíbrio, etc. Em seguida, aprende-se a respeito da física e provavelmente da relação intensa de amor e ódio com a lei da gravidade. Por meio da prática, aperfeiçoa-se e adquire-se autocontrole e compreensão de como tudo funciona. Finalmente, deixando o treino básico no passado, é hora de avançar e encontrar sua própria expressão no mundo da ginástica; desenvolvendo a sua própria arte. Nesse momento, cria-se a realidade.

À medida que desenvolve sua arte, o ginasta aprende acerca de si e do tipo de experiência visual que deseja criar. Dentro do seu repertório de movimentos há os seus favoritos e aqueles que o desafiam, outros que trazem felicidade e leveza e talvez alguns que expressem particularmente força ou agressividade. O ginasta ainda arrisca interagir certos movimentos com a música para criar nova experiência, visando agradar ao seu público ou apenas satisfazer a si próprio.

Nessa busca pelo aprimoramento, do mesmo modo que o ginasta, o especialista em magia aprende a definir quais combinações evocam respostas específicas e a escolher em dada leitura o que é melhor, o que traz mais realização. E é a partir desse momento da vida, quando, na condição de seres cocriadores, tanto o ginasta quanto o especialista em magia se tornam aptos a ser mestres de seu próprio destino.

No entanto, o desejo pelo aperfeiçoamento não cessa jamais e, da mesma forma que os objetivos, vão se adequando à realidade de cada um. A vida, em seu fluxo constante, vai propondo mudanças e adaptações necessárias ao ser humano. Trata-se de uma jornada contínua, um processo de aprendizagem por ensaio e erro.

Mesmo que o indivíduo não alcance seu objetivo, o conhecimento trazido pela experiência será seu patrimônio, uma conquista intransferível, podendo ser a busca pela plenitude espiritual ou o aperfeiçoamento do trabalho mágico que vai revelar quem é e o lugar que esse indivíduo ocupa no mundo. O mais importante aqui não é o propósito, mas o caminho a percorrer e o aprendizado trazido por essa prática. O tarô, nesse sentido, não é essencial para o desenvolvimento espiritual ou trabalho mágico. No entanto, para aqueles que ainda estão interessados, o tarô pode ser uma ótima maneira para o aprofundamento espiritual e o entendimento da magia.

De modo similar às Bruxas, que dizem ser viandantes entre mundos, o tarô pode ser entendido tal qual um "andarilho" que caminha pela vida, formando pontes e conexões. Por esse ângulo, porque utiliza símbolos e sistemas simbólicos (fatos, correspondências, números, imagens), ele conecta o hemisfério cerebral direito (compreensão intuitiva, emocional) ao hemisfério cerebral esquerdo (compreensão intelectual, lógico). E por estarem ambos hemisférios interligados, é que somos capazes de acessar a Sabedoria Divina, ao mesmo tempo que buscamos, pelo tarô, orientação ou alguma revelação.

O *Tarô Prateado das Bruxas*, aqui tratado, que estabelece uma ligação entre o simbolismo pagão moderno e significados tradicionais do *Tarô Rider-Waite--Smith* e o mundo do entendimento espiritual mágico, pode ser usado tanto para leituras reveladoras tradicionais quanto para meditação, reflexão e estudo. As orientações contidas neste tarô, no entanto, são aleatórias, ou seja, não obedecem a qualquer ordem predeterminada, programa ou questionário. Seu baralho é composto de setenta e oito cartas independentes que podem ser interpretadas como portas de acesso ao mundo da Sabedoria Divina. Mais precisamente, são chaves destinadas a abrir as portas internas do indivíduo, a fim de que este possa encontrar a sua partícula da Sabedoria Divina.

Ao considerarmos que somos todos seres singulares, as lições aprendidas são também conquistas individuais. Nessa linha de pensamento, na leitura de tarô, acessamos o Divino que indicará o caminho para o conhecimento necessário para nós naquele momento. As revelações em uma tiragem jamais serão as mesmas que em outra, a cada tiragem, a sua necessidade vai ser diferente, por isso, as cartas também. A busca pelo conhecimento, por informação ou por revelação será sempre distinta, mesmo que desça a mesma carta, você vai usá-la/interpretá-la de forma diferente, o que vai de acordo com a expressão popular:

"Um rio nunca passa duas vezes por baixo da mesma ponte", que significa – a cada experiência de vida, uma resposta.

E para que se aproveite ao máximo o seu *Tarô Prateado das Bruxas*, o baralho apresenta em cada carta palavras-chave posicionadas verticalmente e reversas tradicionais, que representam lições de vida valiosas.

Informações básicas da estrutura do baralho, além de suas variações (orientação para adivinhações, sugestões de como usar as cartas no trabalho mágico e a sua divulgação) também estão presentes neste tarô.

CAPÍTULO 1:
FUNDAMENTOS DO TARÔ

ESTRUTURA

A leitura do tarô, propriamente dita, é balizada pelo equilíbrio entre o intelecto e a intuição. Uma das razões pelas quais o tarô se apresenta como ferramenta tão eficaz é que ele envolve ambos os hemisférios cerebrais. Quando intuição e intelecto trabalham de forma alinhada favorecem a compreensão da mensagem apresentada nas cartas. Mas, quando um hemisfério é negligenciado em favor do outro, o lado negligenciado se torna uma sombra. Por sua vez, as sombras, quando ignoradas ou reprimidas, tendem a surgir em momentos inoportunos, interferindo no andamento da leitura.

Por exemplo, em uma tiragem, ao se atribuir menos importância ao intelecto, concentrando-se apenas em respostas intuitivas, o pensamento racional age feito a conhecida "mente do macaco", trazendo inquietude e dúvidas acerca daquela revelação específica. Em oposição, ao se prestigiar apenas a interpretação racional, a leitura se isenta do caráter espiritual, igualmente importante, ou seja, fica desprovida da Centelha da Inspiração Divina. Nesse sentido, a estrutura do *Tarô Prateado das Bruxas* permite ao leitor percorrer entre o intelecto, que traz segurança e lógica à leitura, e a intuição, que dá sentido à informação intuitiva recebida, um fator que permite criar uma história e "amarrar" todas as peças de forma coerente.

Uma parte importante de fazer uma leitura eficaz do tarô é a comunicação. Sua estrutura nos ajuda a criar uma história e amarrar todas as peças em uma única forma que faça sentido. A estrutura do tarô pode nos ajudar de diversas maneiras, primeiro que, as divisões do baralho facilitam o aprendizado das cartas; ao combinar o significado do fato com os números, podemos obter um atalho rápido para cada carta. Em segundo lugar, os elementos simbólicos das cartas, numa visão geral, antes de serem interpretadas individualmente, criam uma estrutura informativa para cada situação.

O deck completo do *Tarô Prateado das Bruxas* é composto por 78 cartas – 22 pertencentes aos Arcanos Maiores e 56 referentes aos Arcanos Menores. As 22 cartas dos Arcanos Maiores estão marcadas com um numeral romano e um nome: II Alta Sacerdotisa ou VI Amantes. Os nomes, associados às imagens, trazem compreensão imediata dos significados, pois se referem a tudo que engloba o Divino, logo, não podem ser mudados. A imagem da Alta Sacerdotisa, por exemplo, com seu livro fechado e seu olhar secreto, evidencia, num primeiro momento, a representação da sabedoria que é sentida ou experimentada. De modo similar à carta Amantes, que está relacionada à união.

Os Arcanos Maiores simbolizam grandes temas da nossa vida; marcos, pontos decisivos ou eventos fora do nosso controle ou com influência imediata, considerando sua articulação com a Esfera Espiritual.

Os Arcanos Menores estão ligados a situações do cotidiano e revelam o nosso livre-arbítrio, e, de acordo com nossas escolhas, mostram o papel que podemos ter no desenvolvimento de determinado contexto ou ainda a influência de outras pessoas em dada situação. Os Arcanos Menores são divididos em quatro naipes (que indicam a área da vida que tem influência para a questão colocada). Cada naipe contém cartas numéricas de Ás a 10. Cada carta contém quatro figuras (Pajem, Cavaleiro, Dama e Rei) que são denominadas Cartas da Corte e afiguram as pessoas na nossa vida ou aspectos de nós mesmos.

Todos os naipes, além de governarem uma área da vida, estão geralmente associados a um elemento. Por essa razão, é muito importante, no momento de uma leitura completa, ter em mente tanto os Arcanos Maiores quanto os Arcanos Menores, pois dessa forma ficamos cientes de tudo o que envolve a questão referente àquela consulta.

Naipes do *Tarô Prateado das Bruxas* – significados tradicionais e áreas da vida.

- **Luas de prata**: conhecidos também por Cálices, no baralho tradicional são os naipes de Copas – estão associados à Água, aos sentimentos. Governam emoções e relacionamentos.

- **Fios de prata**: conhecidos também por Pentáculo, no baralho tradicional são os naipes de Ouros – estão associados à Terra. Conduzem o mundo material.

- **Asas de prata**: igualmente conhecidos como naipes de Espadas – estão associados ao Ar, a conflitos ou troca de ideias. Regem nossos pensamentos.

- **Chamas de prata**: retratados por varinhas ou batões, são os naipes de Paus no baralho tradicional – estão associados ao Fogo. Guiam nossas paixões.

No *Tarô Prateado das Bruxas*, os números assumem ainda mais significado do que no tarô tradicional. Eles mostram o ciclo anual por meio do simbolismo pagão e a progressão dos números. Essas associações podem ser utilizadas como referenciais temporais, mas, mais importante que isso, são representações que podem ser usadas para qualquer situação, independentemente da época do ano.

A seguir, listamos algumas das associações entre os números e seus significados:

1. **Eu** – O início, a semente, a fonte, reconstrução ou novas oportunidades.
2. **Yule** – Solstício de Inverno, descanso, proteção, escolhas ou relacionamentos.
3. **Imbolc** – Mundo em movimento, criatividade ou trabalho em equipe.
4. **Ostara** – Equinócio da Primavera, energia. Estabilidade ou estagnação.
5. **Beltane** – Crescimento e conexão. Conflito, perda ou caos.
6. **Litha** – Solstício de Verão, explosão do Belo. Relação com comunicação, resolução de problemas.
7. **Lammas** – Colheita no mundo. Reflexão ou avaliação.
8. **Mabon** – Equinócio de Outono, ordenação das coisas, acomodação, desaceleração de velocidade ou poder.
9. **Samhain** – Mundo adormecido, mas de portas espirituais abertas. Independência ou isolamento.
10. **O Universo** – Mundo maior, conclusão, encerramento de um ciclo.

Os números fornecem uma conexão entre os naipes, mas também ajudam a destacar suas diferenças. Por exemplo, Asas de Prata (Ar), reage de forma diferente à energia de Mabon, do que os Fios de Prata (Terra).

Entendendo o Ciclo

Muitas vezes, pelas influências culturais do mundo ocidental, pensamos de forma linear: causa e efeito, começo e fim, antes e depois. No tarô, a numeração tradicional que foi desenvolvida no início do século 20 sugere igualmente uma direção linear que se inicia no Ás e termina no número 10, cuja expressão é o desenrolar natural de uma situação por meio de desafios, até sua conclusão, culminando com a vitória pelo esforço dispendido.

Mas, ao lado do significado tradicional, o Tarô Prateado das Bruxas sugere um caminhar diferente, que nos é dado pela sucessão das estações do ano. Existe um padrão circular na natureza, no Universo (causa-efeito-causa, começo-fim-começo, e assim por diante) que rege a vida dos seres vivos. E a consequência lógica e imediata decorrente desse padrão é que o Universo, obedecendo a tal movimento circular, ensina, naturalmente, a lição da não estagnação ao final de cada ciclo, uma vez que o desenvolvimento e o progresso são pautados pela continuidade.

Nesse sentido, o 01 e o 10 não são mais o começo e o fim, mas o Eu e o mundo maior que envolve o Eu. Viver, crescer, fazer, experimentar significa uma ligação contínua de energias entre o Eu e o mundo. E ao fazê-lo, estabelecemos uma interconexão: enquanto mudamos o mundo que nos rodeia pelo exercício do autoconhecimento, o mundo, por sua vez, oferece experiências que nos enriquecem. Na sequência, o número 2 – a troca mínima de energias – representa um tempo para reunir essas energias, protegê-las, aguardar e descansar. No número 3, a troca energética se expande, potencializa-se até chegar ao seu pico com o número 6. Inicia-se, então, o tempo de colheita, ordenação das coisas e desaceleração, preparando-se para novo ciclo. Contudo, as cartas do Tarô Prateado das Bruxas não descartam o significado tradicional em detrimento do significado cíclico, mesmo quando pareçam ocasionalmente muito diferentes.

Em uma leitura, tente perceber qual padrão é necessário especificamente: o de uma direção linear que significa necessidade de realização, ou o de uma direção cíclica que vai ao encontro da necessidade de continuidade.

Além das conexões e dos padrões dos números entre os naipes, podemos prever conexões e padrões adicionais usando os números das cartas do Arcanos Maiores, como na carta II Alta Sacerdotisa, por exemplo, que se conecta ao número 2. Os números acima de 10 também podem ser reduzidos e conectados posteriormente. Por exemplo, XIII Morte, reduz a 4 (13 reduzido fica 1 + 3 = 4).

INTUIÇÃO

As imagens que compõem as cartas de tarô possuem certa intencionalidade. Se o propósito fosse o de apenas usar nomes e números, poderíamos simplesmente recorrer as cartas que tivessem tais informações impressas sobre elas. Nem mesmo os símbolos são retratados apenas com imagens simples, como sinais de trânsito. Ao invés disso, colocamos peças de arte em miniatura nas cartas. Isso porque a arte evoca um tipo diferente de resposta, mais pessoal e emocional.

A arte nas cartas de tarô é projetada para funcionar como os sonhos – uma forma de o subconsciente se comunicar com a mente consciente. Do mesmo modo que os sonhos representam uma série de imagens inicialmente desprovidas de sentido, mas que, após certa reflexão trazem revelações, nós podemos, por meio das imagens aparentemente não relacionadas com a ordem e a estrutura do baralho, acessar mais facilmente as mensagens reveladas pelo Divino.

Nesse sentido, antes de olhar de forma racional para a acepção de uma imagem, direcione a ela um olhar plástico, voltado para a arte, para o espiritual, para o intuitivo, e se pergunte: "O que está acontecendo aqui?" Imagine uma carta cuja imagem mostre uma pessoa ajudando outra.

Não importa se todos os baralhos do mundo digam que o significado é "ajudar", se a sua intuição diz que é "receber ajuda". Isso quer dizer que encontrar sua própria representação para uma carta implica ver além do que a imagem sugere, significa sintonizar com a energia das cartas, pois a intuição é uma ferramenta psíquica divinatória de grande valor, capaz de trazer revelações precisas. Daí a importância da observação criteriosa das imagens e de sua conexão com elas, permitindo que desvendem o que precisa ser desvendado (uma história, conceitos, situações, emoções). O olhar intuitivo é uma habilidade que se deve desenvolver não somente para aprimorar suas leituras, mas para aprender a meditar por meio das cartas, uma vez que elas podem ser usadas como portas para explorar significados espirituais mais profundos, referenciais para compreender os meandros de sua prática espiritual e as interpretações advindas desse exercício que, certamente, vão além de tudo encontrado neste ou em qualquer baralho.

Em contrapartida, enquanto certos tarólogos se sentem confortáveis e seguros com respostas intuitivas, outros se preocupam em "errar". Faça uma experiência: elabore uma pergunta simples, como "o que eu preciso saber agora sobre trabalhar com o *Tarô Prateado das Bruxas*?", em seguida, embaralhe as cartas e escolha uma. Tente não atentar ao nome ou ao número da carta. Concentre-se apenas na imagem e perceba a resposta que chega. Tente articular sua resposta com base na imagem. A seguir, para obter mais detalhes, tente com três cartas, mesclando-as até chegar a uma resposta coesa. Se as respostas chegarem com facilidade, é sinal de que confia em sua intuição. Do contrário, somente a prática e a ligação mais profunda com as cartas lhe trarão a segurança necessária. Uma leitura que gera resultados satisfatórios é aquela em que racional e intuitivo trabalham juntos, como instrumentais na busca por uma revelação.

Essa é uma habilidade que você vai desenvolver aos poucos, que não só vai ajudá-lo a fazer leituras melhores, como também o ajudará a meditar com as cartas. Você pode usá-las para abrir caminhos, para explorar significados espirituais mais profundos. As cartas serão pontos de partida para desenvolver sua própria compreensão da sua prática espiritual e suas interpretações, que podem ir longe, além de qualquer coisa encontrada neste ou em qualquer livro.

INVERTIDAS

Em uma leitura, invertidas são cartas posicionadas de cabeça para baixo. Alguns tarotistas as embaralham de modo que se apresentem no sentido oposto. Outros preferem embaralhá-las de forma a garantir que todas elas estejam na posição vertical. É uma questão de escolha pessoal.

Outro aspecto que envolve o critério do leitor diz respeito a considerar ou não os significados de uma carta invertida. Porém, alguns tarólogos que recorrem às reversões não usam significados invertidos tradicionais, mas as interpretam como bloqueadoras de energia (reprimida, estagnada ou internalizada). Mas vamos admitir que mesmo não querendo considerar as invertidas, elas surjam; nesses casos o tarotista pode decidir por aceitar o que elas dizem e, em seguida, com perspicácia, colocá-la na posição usual e fazer a sua leitura normalmente.

CAPÍTULO 2:
COMO FAZER UMA LEITURA

ADIVINHAÇÃO

A maioria das pessoas adquire um baralho de tarô porque quer realizar adivinhações. A ideia de conhecer o futuro é fascinante. Quanto mais fácil e bem-sucedida seria nossa vida se pudéssemos conhecer o futuro! Na verdade, não é bem assim que acontece, uma vez que o futuro é guiado pelo livre-arbítrio e pela autodeterminação. Isso não significa que as leituras do tarô não sejam úteis. Pelo contrário, elas podem ser muito proveitosas desde que se entenda o que é e o que não é possível saber por meio delas.

Para ficar mais claro o raciocínio, vamos estabelecer uma analogia entre as previsões do tarô e as previsões do tempo. O relatório meteorológico costuma ser bastante confiável, desde que não haja mudanças na atmosfera. De modo similar, são as previsões do tarô quando se deseja conhecer o futuro distante. Quanto mais longe se olha, menos precisas são as respostas, ainda mais quando há mais pessoas envolvidas na consulta, porque na vida tudo é relativo, e nessa transitoriedade há extremos e contrastes que impedem uma resposta plenamente positiva. Por isso, seja ponderado em suas perguntas.

Embora as cartas não possam predizer o futuro, elas podem ajudar não somente a entender o que pensa e sente acerca de determinação situação, mas a tomar decisões com base em pensamentos e sentimentos, levando-se em consideração a energia que envolve aquela situação.

Antes de se aprofundar na leitura, pense no que deseja saber e por que quer saber. Uma regra clássica do tarô é "não perguntar se não quer saber". Então, seja prudente quanto à elaboração de sua pergunta: pense em possíveis respostas, incluindo as que poderiam trazer desgaste emocional. Como seria sua reação à resposta? A informação seria realmente relevante? Como a usaria em sua vida? Considere cada um desses pontos de orientação antes de se aventurar.

Após definir sua pergunta, pense no tipo de tiragem que deseja realizar, que deve ser aquela que vai assegurar a informação que busca. Algumas das tiragens deste baralho visam a uma gama de perguntas e podem ser facilmente adaptadas a situações específicas. Não tenha medo de alterar ou mesmo inventar uma tiragem para se adequar às suas finalidades. Contudo, algumas tiragens não requerem uma pergunta, pois são destinadas a usos específicos.

Reflexão

Para ser um bom leitor, a pessoa precisa tratar o tarô com respeito, mas não com reverência. O tarô pode ser sério e ao mesmo tempo leve. A fim de se obter maestria na leitura das cartas, seria interessante, repetidas vezes, começar com perguntas simples, possivelmente uma a cada dia, que requeiram pouco desgaste emocional para, posteriormente, por meio da prática, se lograr a uma verdadeira assistência do tarô quando realmente se precisar dele.

O método "carta do dia" é realmente indicado para esse fim. Basta tirar uma carta na parte da manhã e se perguntar: "A que devo prestar atenção hoje?" E depois refletir a respeito. Esse exercício leva apenas 5 minutos e é divertido e útil. E se for feito com honestidade, em muito pouco tempo resulta em considerável experiência.

Além disso, a "atenção" é uma das chaves da alma, pois somente quando estamos verdadeiramente presentes é que a alma pode tocar e ser tocada de alguma maneira.

Mas, como consideramos as leituras do tarô diálogos com o Divino, geralmente tratamos a experiência com alguma reverência, incorporando rituais. A quantidade e o tipo de ritual dependem do tarólogo. Para alguns, um espaço na mesa, alguns exercícios respiratórios, um momento de autocentralização e uma breve oração ou declaração de intenção são tudo o que precisam. Para outros, uma configuração mais elaborada é preferível, como ter um pequeno altar de adivinhação ou lançar um Círculo, por exemplo. Talvez algumas leituras exijam rituais simples, enquanto outras (datas comemorativas ou feriados importantes, feitiços mágicos) precisem de mais preparação para atingir o objetivo proposto. Portanto, cabe ao leitor, que sabe do seu nível de relacionamento com o Divino, o que melhor se adequa a sua prática e as suas crenças.

Após refletir nas perguntas que deseja formular, abra as cartas sobre a mesa. Comece tirando as cartas a partir do topo do baralho ou selecione-as aleatoriamente. Pode ainda optar por uma leitura com as cartas invertidas, contudo, no sentido vertical é mais construtivo, pois, desse modo, consegue-se uma visão geral das cartas, criando-se um padrão de leitura.

Para se obter esse padrão de resposta é interessante atentar para todas as cartas e analisar o tipo de cada uma e seus respectivos números. Ao proceder assim, é possível captar muito mais da situação e trazer ordem para a informação apresentada, pois cada elemento do baralho possui um significado. Além do que, o baralho possui equilíbrio proporcional; se algum dos elementos parece fora de proporção ou inadequado para a situação, investigue ainda mais e leve esse aspecto em consideração em sua leitura final.

Como sabemos, toda leitura traz uma previsão, por essa razão, o tipo de energia presente na consulta é de extrema importância. É isso o que devemos buscar, compreender esse teor energético e saber até que ponto podemos influenciar ou afetar uma situação, tomar melhores decisões e usar nossa própria energia de forma mais efetiva.

A. Procure as invertidas

Se o tarotista usa cartas invertidas, provavelmente está familiarizado com a porcentagem de cartas que normalmente surgem em uma leitura. Se houver um número desproporcional, pode indicar que a situação esteja bloqueada ou que haja desafios proibindo o fluxo dos acontecimentos.

B. Procure as cartas dos Arcanos Maiores

Essas cartas representam energia e acontecimentos que vão além do controle do leitor. Se houver um número desproporcional dessas cartas na leitura (mais de um terço), significa que o tarotista tem menos controle ainda da situação, mas, em contrapartida, esse momento pode representar uma importante lição de vida.

C. Procure as Cartas da Corte

Se houver um número desproporcional de cartas (mais de vinte por cento), significa que muitas pessoas estão envolvidas na situação ou o tarotista está confuso. O ideal aqui é se afastar das influências dos outros e buscar o foco novamente.

D. Analisar os naipes presentes

Os quatro naipes estão igualmente representados? Caso contrário, o que especificamente isso significa? Se muitas Asas de Prata estiverem presentes, indica um momento de introspecção. Muitas Luas de Prata, então, talvez a situação esteja repleta de emoções. A falta de Luas de Prata em uma leitura de relacionamento pode representar a ausência de verdadeiros sentimentos e intimidade. Ao desenvolver conselhos acerca da situação, procure maneiras de equilibrar, se necessário.

Em termos de análise da instabilidade de uma situação, Ar e Fogo são considerados elementos ativos, caracterizados pela celeridade. Então, Asas e Chamas indicariam uma situação mais ativa e potencialmente caótica. Água e Terra são considerados elementos passivos, caracterizados pela morosidade. Luas de Prata e Fios de Prata, portanto, indicariam uma situação estável e energia potencialmente estagnada, mais difícil de ser alterada.

As cartas dos Arcanos Maiores também possuem associações elementares e, portanto, podem ser usadas ao avaliar a energia representada pelos naipes.

E. Confira os números

Se houver mais de um número específico na tiragem, preste atenção a estas associações. Por exemplo:

- Vários Ases, o foco estará nos recomeços, novas oportunidades.
- Vários 2, o foco estará nas escolhas ou nos relacionamentos.
- Vários 3, o foco estará na criatividade ou no trabalho em equipe.
- Vários 4, o foco estará na estabilidade ou na estagnação.
- Vários 5, o foco estará no conflito, na perda ou no caos.
- Vários 6, o foco estará na comunicação, na comunidade ou na resolução de problemas.
- Vários 7, o foco estará na reflexão ou na avaliação.
- Vários 8, o foco estará no movimento, na velocidade ou na energia.
- Vários 9, o foco estará na independência ou na solidão.
- Vários 10, o foco estará na finalização de algo.

Os números também podem ser usados de maneira diferente. Repetidas vezes, no decorrer de uma leitura, queremos ver como é uma situação e como podemos mudar o resultado. Para isso, precisamos nos inteirar de mais detalhes. Por exemplo, questões de um relacionamento afetivo em estágio inicial são muito mais simples de resolver do que problemas de um relacionamento mais duradouro, quando as vidas do casal já estão entrelaçadas, pois, nessas situações, exigi-se mais energia para se obter uma confirmação.

- Se houver na leitura grande número de ases, dois e/ou três, a situação estará em estágio inicial de desenvolvimento e, portanto, mais facilmente influenciada ou alterada.
- Se houver grande número de quatro, cinco e/ou seis, a situação estará na fase intermediária e exigirá mais esforço para mudar.

- Se houver grande número de sete, oito e/ou nove, a situação estará bem enraizada e exigirá esforço considerável para mudar.
- Se houver grande número de dezenas, o que expressa quase solidez da situação, será muito difícil (embora não impossível) mudar.

F. Olhe para o padrão visual das cartas

Retome a leitura fixando-se na imagem. Observe as cores. O que elas dizem acerca da situação? Procure símbolos repetidos e considere seu significado.

G. Interpretar cartas individuais

Após a leitura, interprete as cartas individualmente tendo em mente a pergunta colocada e o significado posicional, conforme definido pela jogada selecionada, bem como a informação já reunida.

Reflexão

Já deu para perceber que existe um elemento constante reaparecendo no Tarô Prateado das Bruxas: a dualidade entre os opostos complementares ou os pontos de vista. Por exemplo, entre "padrão" e "detalhe", entre "significado racional" e "significado intuitivo" ou ainda entre "eu" e o "mundo".

Em uma tiragem tem as cartas individuais de um lado, cada uma com seu próprio significado e sugestões. E tem uma imagem maior, ampliada, por meio da qual poderá extrair padrões e conexões.

Seria muito proveitoso se pudéssemos dar uma receita acerca de como fundir o significado que vem do padrão e das cartas — totalidades organizadas — com os significados detalhados (a soma do significado individual das cartas). Por mais brilhante que fosse essa receita ou regra, idealizada pelo melhor tarólogo do mundo, seria, em última instância, equivocada, porque as polaridades: grande/pequeno, aqui/lá, acima/abaixo vão sempre coexistir. Elas se tocam, afetam-se, sem jamais sobrepujarem uma a outra.

Portanto, ao se deparar focando mais o significado individual, faça um esforço para voltar para os padrões, de modo geral. No entanto, caso se demore mais nessa totalidade organizada e enxergue muitos padrões, concentre-se em detalhes e olhe para uma coisa de cada vez. Permear a dualidade e encontrar o ponto de equilíbrio não é tarefa fácil. Apesar disso, vale a pena se aventurar. E, assim, o equilíbrio chegará.

O equilíbrio não é algo a ser escolhido, mas encontrado.

OUTRAS SUGESTÕES DE LEITURAS

Evite as cartas clarificadoras (explicativas)

Trata-se de uma carta que muitos tarólogos tiram, além daquelas já apresentadas na leitura. Numa tiragem, essas "cartas extras" destinam-se a esclarecer ou confirmar a orientação da carta específica. Mas, quando os clarificadores são usados em excesso, confundem ainda mais o leitor, porque podem se tornar muletas para evitar uma carta que não é particularmente apreciada ou compreendida naquele momento. Em vez disso, tente manter as cartas já identificadas, pois elas não estão presentes ali por acaso.

Mas, se estiver se sentindo tolhido, esqueça a leitura por um ou dois dias e depois deite sobre ela um novo olhar ou medite na carta que está causando esse bloqueio. Memorize a carta, feche os olhos e faça as perguntas que desejar. O ego tem maneiras de se proteger, mas a carta pode conter sabedoria que o ego não está disposto a ouvir. Optar pelo lado meditativo pode afastar o ego e trazer o conhecimento implícito na carta.

Finalize com positividade

Independentemente do resultado da leitura, siga em frente. Ainda que haja ações fora do seu controle, não se preocupe, pois sempre haverá oportunidade de tomar algum tipo de ação ou aprender alguma lição. Termine a leitura com otimismo e sensação de empoderamento.

Evite manipular resultados

É comum em algumas leituras o leitor tentar manipular as respostas, adequando-as à sua conveniência, considerando a ampla possibilidade de interpretação das cartas. A fim de evitar a manipulação de respostas, recomenda-se, antes de qualquer iniciativa, refletir na resposta desejada: quais cartas a trariam e quais representariam outras respostas. Em seguida, consulte as cartas, procure as que anotou para cada resposta, atentando sempre para o motivo de elas estarem ali presentes.

CAPÍTULO 3:
DEMAIS USOS DO TARÔ

As cartas do tarô são ferramentas perfeitas de adivinhação, porém elas não se limitam a meros truques, pois podem ser usadas para outras finalidades.

TRABALHO MÁGICO

Ensinar a prática da magia está além do propósito deste livro. Caso queira se aprofundar nesse assunto, recorra à vasta literatura a respeito e aos recursos on-line. Certifique-se de obter informações de fontes confiáveis.

Isso não significa que as cartas não devam ser utilizadas para fins mágicos. Elas podem ser usadas, por exemplo, na edificação de um altar portátil, como pontos de assentamento de feitiços: os quatro Ases, por exemplo, podem ser empregados para representar elementos/direções; Imperatriz e Imperador podem configurar a Deusa e o Deus.

Pode-se, ainda, utilizar as cartas como foco para seus trabalhos mágicos: selecione de uma a três cartas que representem o seu desejo e deixe-as no altar até que o seu feitiço esteja completo.

DIÁRIO

Qualquer baralho de tarô é um excelente companheiro diário; não importa a carta que tire, ela sempre vai fornecer inúmeras ideias e possibilidade de autorreflexão e conhecimento espiritual.

Particularmente, o *Tarô Prateado das Bruxas* favorece momentos de reflexão e proporciona um estudo mais profundo. Por exemplo, se a pessoa está se preparando para a celebração de Sabbat, pode usar a carta de cada ação relacionada com esse feriado como ponto de partida. Mas, se está se preparando para o Imbolc, pode tirar o "três" de cada naipe e compará-lo e contrastá-lo, usando as lições e as reflexões como pressupostos. Nessa preparação, é interessante ainda trazer a(s) carta(s) correspondente(s) dos Arcanos Principais – Imperatriz, Homem Enforcado e Universo.

No próximo capítulo veremos que as cartas dos Arcanos Maiores têm dois conjuntos de associações. O primeiro conjunto está associado às Esferas da Existência: Esfera Material, Esfera Imaterial/Intelectual e Esfera Espiritual/ Divina. As cartas dos Arcanos Maiores também estão associadas às Áreas do Ser: o Desconhecido, a Magia, a Deusa, o Deus, o Universo, o Equilíbrio e a Energia. O emprego das cartas em associação com cada uma dessas divisões pode representar um avanço nos estudos de cada um desses domínios.

MEDITAÇÃO

O emprego das cartas, enquanto portais, favorece a prática da meditação ou a reflexão, um recurso poderoso para acessar a própria sabedoria e estabelecer conexão com a Sabedoria Divina. Ao ter problemas com determinada carta, por exemplo, se ela insistentemente surge em suas leituras, se chama sua atenção ou sua aparição traz desconforto, então é chegado o momento de meditar ou refletir a respeito e perceber a intencionalidade daquela presença.

Apresentamos aqui uma técnica fácil e eficaz. Fixe a imagem da carta de tal forma, que consiga enxergá-la mesmo com os olhos fechados. Pense no tipo de perguntas que gostaria de fazer a qualquer um dos números da carta.

Em seguida, encontre um lugar onde possa meditar em silêncio. Assuma a sua postura preferida de meditação. Feche os olhos, respire profundamente, por três vezes, para acalmar seu corpo, sua mente e o seu coração.

Agora, com a carta em mente, projete-a em tamanho real. Imagine-se adentrando a imagem e comece a explorar e a interagir com todos os personagens que encontrar nesse cenário e faça as perguntas que desejar. Quando encerrar, agradeça-os pela orientação e registre essa experiência em seu diário ou no Livro das Sombras.

CAPÍTULO 4:
OS ARCANOS MAIORES

As cartas dos Arcanos Maiores são os acontecimentos gerais da nossa vida. A eles estão relacionados: nascimentos, mortes, casamentos, divórcios, novos empregos, empregos perdidos, revelações, discernimento vocacional e os marcos históricos que criam a estrutura do nosso dia a dia. As cartas são os eventos pelos quais contamos o tempo, como, por exemplo: "nós fizemos aquilo antes de comprarmos esta casa" ou "aquilo aconteceu depois que o bebê nasceu". Trata-se também de situações que frequentemente acontecem conosco – oportunidades vantajosas que nos são ofertadas ou uma crise de saúde. Essas são, em resumo, as "grandes" ocorrências felizes ou tristes que permeiam a nossa vida.

As características dos Arcanos Maiores são comumente chamadas de arquétipos, símbolos recorrentes ou temas do inconsciente coletivo que vivem em nossa psique. Do mesmo modo que todo símbolo, são ricos, e, às vezes, repletos de contradições. Possuem interpretações genéricas e outras extremamente pessoais. Por serem cartas complexas, alguns tarólogos passam uma vida inteira se dedicando a seu estudo sem ao menos esgotar todo o seu significado, uma vez que estão vivas no interior de nosso ser e em constante movimento.

Um baralho de tarô tradicional, ou obra que fale a respeito, por mais completo que seja, não consegue capturar a plenitude dessas cartas. Qualquer baralho de tarô, com imagem única, pode retratar somente uma dessas facetas, do mesmo modo que qualquer Divindade retrata uma única faceta do Deus ou da Deusa. Seja qual for a imagem retratada na carta, ela tem muito a revelar, pois representa uma porta de acesso ao mundo particular e vasto de cada arquétipo.

Contudo, ao lado dos significados tradicionais e das interpretações convencionais, que ao longo do tempo têm sido usados de base de estudo por alunos de tarologia e por tarotistas em suas práticas e reflexão espiritual, as ideias únicas do *Tarô Prateado das Bruxas* dialogam, desvelando conteúdos de caráter profundo da alma.

Nos Arcanos Maiores, para cada carta há a Esfera da Existência, a Área do Ser, a Associação Astrológica e Elementar, a Descrição, a Interpretação, uma Reflexão e as Palavras-Chave para os significados na posição vertical e invertida.

Esferas da Existência

- Cartas de 1 a 7 – relacionadas à **Esfera Material**.
- Cartas entre 8 a 14 – relacionadas à **Esfera Imaterial/Intelectual**.
- Cartas entre 15 a 21 – relacionadas à **Esfera Espiritual/Divina**.

Reflexão

A maioria dos Arcanos Maiores são apresentados sobre uma base. Na Esfera Material, a base representa uma pedra cubiforme. Na Esfera Intelectual, essa base se apresenta como um objeto polido e perfeito, similar à ideia de como um cubo deve ser. E, finalmente, na Esfera Espiritual o cubo carrega a simbologia de "energia".

É importante salientar que o Arcano da Esfera Material é mais terrestre e sólido, enquanto o Arcano da Esfera Espiritual se compõe, em sua maioria, de figuras abstratas.

Em uma leitura, é muito simples usar a divisão entre as Esferas Material, Intelectual e Espiritual, sem recorrer a pensamentos mais elaborados ou à interpretação metafísica:

Áreas do Ser

- Arcanos I, X e XV são conectados com o **Desconhecido**.
- Arcanos II, XII e XVII são conectados com a **Magia**.
- Arcanos III, XI e XVIII são conectados com a **Deusa**.
- Arcanos IV, VIII e XIX são conectados com o **Deus**.
- Arcanos V, IX e XX são conectados com o **Universo**.
- Arcanos VI, XIV, XXI são conectados com o **Equilíbrio**.
- Arcanos VII, XIII, XVI são conectados com a **Energia**.

Reflexão

O que são as Áreas do Ser? Essa é uma pergunta muito importante.
Os Arcanos não são propriamente "arquétipos". Vamos tomar a figura da mãe, que é um arquétipo. No tarô tradicional, não temos uma única carta de mãe, mas várias. A Imperatriz é comumente vista como a Mãe, aquela que expressa e retém a nutrição, energia vital do arquétipo. Na verdade, a Imperatriz é uma face do arquétipo.

No Tarô Prateado das Bruxas, por exemplo, a Imperatriz representa a Deusa (a Mãe é apenas uma face da Deusa) como manifestado na Esfera Material. Justiça é o mesmo arquétipo energético, mas é manifestado na Esfera Intelectual. E, finalmente, essa energia assume a forma da Lua quando manifestada na Esfera Espiritual.

DESCONHECIDO (Mago, Roda e Diabo) – *representa energias sem definição, por isso a nossa dificuldade em entender ou aceitar completamente.*

- *No Mago, o Desconhecido volta seu olhar para o mundo, mas, independentemente de suas habilidades ou conhecimento, o Universo será sempre o melhor em comparação ao Mago.*
- *Na Roda, o Desconhecido é expresso pela aleatoriedade, por fatos inesperados e, por isso, sem explicação racional.*
- *No Diabo, o Desconhecido representa o lado negro de cada espírito. Feito um espelho escuro que causa medo ao olhar.*

MAGIA (Sacerdotisa, Dependurado e Estrela) – *é a língua do Universo, o meio por onde o Universo fala (não muito diferente do que muitos cientistas dizem ser a matemática).*

- *Na Sacerdotisa, acessamos o limite do aprender e do entender a magia.*
- *No Dependurado, experimentamos o aprendizado e o aceitamos física e mentalmente, à medida que trazemos a magia para nós mesmos.*
- *Na Estrela, olhamos através do Infinito e permitimos que o Infinito olhe através de nós.*

DEUSA (*Imperatriz, Justiça e Lua*) – *refere-se ao elemento feminino, à recepção, à energia nutritiva do Universo. Muitas vezes, a Deusa é representada por uma Donzela, uma Mãe e uma Anciã, por abarcar esses três aspectos.*

- *Como Imperatriz, representa a energia nutritiva do corpo.*
- *Enquanto Justiça, representa a energia essencial da mente.*
- *Na figura da Lua, a energia que nutre a alma.*

Deus (Imperador, Força, Sol) – *é o masculino, assertivo e a energia criativa do Universo. O Deus tem vários aspectos também, mas normalmente sua energia é similar a uma vela acesa, que morre e renasce.*

- *O Imperador é a energia construtiva do corpo.*
- *A Força é a energia dinâmica da mente.*
- *O Sol é a energia criativa da alma.*

Universo (Sumo Sacerdote, Eremita, Julgamento) – *é algo maior que o homem. Ainda assim é representado por:*

- *Sumo Sacerdote como a conexão entre o Divino e o homem.*
- *Pelo Eremita, como a busca contínua do homem pelo Universo dentro de si mesmo.*
- *E pelo Julgamento, como a conexão "do um e do todo" entre o Universo e nossa alma.*

Equilíbrio (Enamorados, Temperança, Mundo) – *é a coexistência dos opostos. É de entendimento que o Universo não deve ser dividido entre bem e mal, mas tudo simplesmente apenas é.*

- *Enamorados expressam o Equilíbrio como a harmonia entre homem e mulher, um símbolo por si só de conciliação por todas as complementariedades materiais.*
- *Temperança é o equilíbrio de ideias, de crenças, de percepções, de línguas, de pontos de vistas.*
- *Mundo é o equilíbrio visto como "tudo em um"... Porque, para a alma, Equilíbrio é uma propriedade do ser, não uma escolha.*

Energia (Carro, Morte, Torre) – *é a conexão entre tudo. Flui constantemente e muda formas, como a música cantada pelo Divino. Onde o Equilíbrio é coexistência e a Energia, transformação.*

- *No Carro, a Energia é vista como opostos se encontrando para criar algo novo que abre as portas para algo melhor (não é por mera coincidência que o Carro está na fronteira do mundo Material e Intelectual).*
- *A Morte é outro limiar, simbolizada pela última passagem, que não deixa nada sem mudança.*
- *A Torre é a transformação da alma, que ao mesmo tempo é destruição e cura.*

De todas as cartas, apenas uma está faltando: O Louco – que representa a jornada propriamente dita. O Louco é a estrada, somos nós, trilhando em alegria ou tristeza, sabedoria ou cegueira, consciência ou sonolência.

I. MAGO

O Desconhecido
Esfera: Material
Astrologia: Mercúrio
Elemento: Ar

Descrição: *uma mulher em traje cerimonial está sentada, de pernas cruzadas, olhando para a noite estrelada. Ela segura o Livro das Sombras aberto em uma das mãos, e com a outra aponta para as estrelas. No punho direito ela porta um bracelete com quatro pingentes: uma lua, uma moeda, uma varinha e um punhal. A lua está atrás dela, mas ela brilha tanto, que entre ela e a lua parece não haver escuridão.*

Tradicionalmente, a carta do Mago remete ao ilusionista, alguém que aplicava truques, visando ao proveito próprio. Mais recentemente, o Mago foi elevado à categoria de alguém que é conhecedor de habilidades mágicas, ou habilidades que se assemelham à magia. Não podemos nos esquecer de que Mago é o Arcano I, o começo, e em várias situações um dos primeiros estágios do entendimento de magia.

Na imagem, o Mago lê um livro para aprender os conceitos de magia. Ele pratica o que aprende, acostumando-se a reconhecer o fluxo e o refluxo do Universo e a identificar os elementos que o compõem. E vai mais além quando percebe que a magia se funde nela mesma. Ao se alinhar com sua própria Natureza Divina, ele se torna um canal de conexão para o Divino no mundo.

O Divino é um mistério e a vida do Mago é uma expressão desse mistério.

A Magia está associada ao número 1 e ao Desconhecido, porque isso também é seu grande segredo: sua força de vontade em encontrar respostas aos desafios que a vida propõe.

O Mago entende que a magia é a arte e a elaboração de mudança no mundo, é a arte de cocriar com o Universo.

Em uma tiragem, Mago remete à prudência, ao cuidado perante os obstáculos que surgem, mas também à competência, à habilidade mental para alcançar as metas propostas.

Reflexão

De acordo com a imagem, pense acerca da conexão entre "Cima" e "Baixo". O Mago está lendo o livro? Ou ele o escreve? Ela está lendo o livro, ou lendo a lua e as estrelas? Uma de suas mãos aponta para o céu, enquanto outra aponta para o livro. Embora a dualidade entre "Cima" e "Baixo" não seja tão visível, isso não a torna menos real.

Palavras-chave: vontade, talento, habilidade, criatividade, manifestação, comunicação, magia, ação, consciência, poder, desenvoltura, concentração, eloquência.

Invertida: fraude, manipulação, engano, mentira, mau uso dos dons.

II . SACERDOTISA

A Magia
Esfera: Material
Elemento: Água
Astrológico: Lua

Descrição: *a Sacerdotisa está sentada em uma base de pedra entre duas árvores – uma coberta por flores brancas e a outra coberta por flores pretas. Ela mergulha seu pé descalço em um lago, que reflete a lua. Segura um livro fechado e usa símbolos para a Deusa Tríplice (Lua Tríplice) em sua cabeça e peito. Atrás, há um véu com um pentagrama iluminado por luzes que são derramadas por detrás do véu e alcançam a Sacerdotisa.*

A bruxaria não é uma religião baseada na fé. Nós não acreditamos simplesmente que as coisas sejam verdadeiras. Em vez disso, sabemos que tudo que é verdadeiro se baseia em experiências diretas. Podemos ler, pesquisar e debater tudo o que queremos, mas nada ensina tanto quanto a experiência. A Alta Sacerdotisa guarda o limiar da iniciação. É hora de fechar o livro, entrar no mundo do mistério e descobrir nossas respostas pessoais.

A carta fala de conhecimento e experiência, de intuição e mistério. Sacerdotisa entende o espaço entre os opostos, um lugar onde os reinos físico e espiritual se encontram. Ela entende o fluxo da água, os ciclos da lua e a natureza de mudança constante do futuro. Consequentemente, essa carta nos diz que há algo que não estamos destinados a saber no momento. É tempo de fechar o livro e partir para ação, pois a experiência testa o conhecimento e fornece oportunidade de colocar em prática o que foi aprendido, transformando-se essa vivência em revelação e sabedoria.

Reflexão

A Sacerdotisa reflete nossa necessidade de entender o Universo. Seu reino está além do simples saber. Ela dirige o reino da sabedoria e o do conhecimento. Nos ajuda a apurar a nossa sensibilidade perante o que sentimos, observamos e fazemos. Essa experiência não é sobre a habilidade de aprender, mas sobre a habilidade de ser capaz de efetivamente crescer com o conhecimento adquirido e se tornar sábio.

Na representatividade da Sacerdotisa ainda figura a bipolaridade – ela conecta o que está "acima" ao que está "abaixo" – a magia, o espiritual que compõem o universo inteiro –, ao mundo material, por meio do discernimento e da experiência.

Palavras-chave: segredos, iniciação, mistério, silêncio, sabedoria, entendimento, intuição, discernimento, subconsciente, futuro incerto.

Invertida: conhecimento superficial, segredos, compromissos escusos, paixão, vaidade.

III . IMPERATRIZ

A Deusa
Esfera: Material
Astrológico: Vênus
Elemento: Terra

Descrição: *uma jovem donzela em trajes reais, porém simples, de pé, sob um sol brilhante. Ela porta uma coroa sobre sua cabeça e segura uma longa fita em suas mãos. A fita desliza para fora da moldura, no canto direito da imagem, e o olhar da Imperatriz acompanha esse movimento. Próximos a ela estão um coelho e seus filhotes. Há uma águia voando pelo céu.*

Assim como os coelhos, a Imperatriz representa abundância, natureza e crescimento. Ao mesmo tempo que reverencia a natureza, demonstrando sensibilidade, ela traz também o aspecto de controle e diplomacia. Similar à águia, é sagaz e atenta a tudo, porque entende o movimento, o fluxo e o refluxo da vida. Ela é uma Imperatriz, uma governante de muita responsabilidade.

Sua fita rosa a conecta com o Imperador, com quem ela está sob o mesmo sol, trabalhando em prol de um bem maior. Dentro dos ciclos anuais, a Imperatriz gera vida e opera mudanças e renascimentos. É o pulsar da vida. Enquanto cuida de cada coelho, reverenciando a natureza, ela também entende as necessidades cíclicas da vida, entende que, às vezes, deve haver um sacrifício pelo bem maior. A natureza nunca fica parada, do nascimento para a maturidade para a morte, ela está sempre mudando conforme necessário para nutrir todas as coisas vivas em todos os ciclos da vida.

Devemos ser gratos pela generosidade de que desfrutamos, reconhecendo que, se um sacrifício é necessário, é para algo maior que o nosso próprio conforto imediato.

Reflexão

Enquanto a Sacerdotisa expressa energias femininas sob a luz da lua, a Imperatriz expressa energia similar, mas sob a luz do sol. Sua energia é intensa, vital, acessível e protetora. Ela entende suas limitações e sabe que somente se completa junto ao Imperador. Mesmo diante dessa realidade, a Imperatriz não perde sua identidade, pois é tão necessária para ele, quanto ele é para ela.

Palavras-chave: abundância, fertilidade, criatividade, prazer, beleza, alegria, conforto, natureza, maternidade, nutrição, amor, gravidez, generosidade.

Invertida: dependência, codependência, preguiça, estagnação, angústia, teimosia, bloqueio criativo, gula.

IV. IMPERADOR

O Deus
Esfera: Material
Astrológico: Áries
Elemento: Fogo

Descrição: *um jovem musculoso em vestimentas reais, porém simples, em pé, sob o sol. Próximo a ele, há um carneiro com alguns cordeiros. Ele porta uma coroa e segura uma longa fita vermelha em suas mãos que desliza para fora da moldura da imagem, no canto esquerdo da carta.*

Na imagem, o Imperador tem ao seu lado um carneiro (signo de Áries), o símbolo astrológico a que ele está associado. Ambos, Imperador e Áries incorporam poder e determinação. Suas forças de caráter são suportadas por seus recursos, e seus recursos são controlados pelo seu caráter. O verdadeiro Imperador foca em sua responsabilidade, não em seu poder. Para ele, poder é meramente uma ferramenta que usa para exercer seu dever de pastor, de administrador junto ao seu povo e à sua terra.

Sua fita vermelha o conecta à sua parceira, sua outra metade, a Imperatriz. Juntos, eles geram e administram vidas e recursos para o bem maior do grupo ou sociedade. Enquanto ela oscila, seguindo os fluxos e refluxos da vida, ele carrega a simbologia da estabilidade, do equilíbrio e da prosperidade.

Em uma tiragem, o Imperador indica força, coragem.

Aponta para uma ação bem-sucedida, recursos disponíveis para se alcançar o objetivo almejado.

Juntos, o Imperador e a Imperatriz, o Deus e a Deusa, representam os dois lados do Grande Espírito, da Consciência Cósmica, e é por meio deles que aprendemos sobre essa Força que regue o Universo, sobre a nossa própria natureza e sobre os elos que nos conectam uns aos outros.

Reflexão

O Imperador é o espelho da Imperatriz. Enquanto o Sumo Sacerdote expressa energia masculina sob a luz da lua, o Imperador expressa energias similares, mas sob a luz do sol. Sua energia vital é forte, traz bem-estar e proteção. Ele entende suas limitações e sabe que somente se completa junto à Imperatriz. Mesmo diante dessa realidade, o Imperador não perde sua identidade e nem sua personalidade, porque tem ciência de que é tão necessário para ela, como ela é para ele.

Palavras-chave: estabilidade, estrutura, poder, autoridade, liderança, controle, proteção, administração, ordem, comando, paternidade, pai, ambição, razão, lógica, confiança.

Invertida: tirania, rigidez, inflexibilidade, controle, crueldade, abuso de poder, liderança fraca, indisciplina.

V. SUMO SACERDOTE

O Universo
Esfera: Material
Astrológico: Touro
Elemento: Terra

Descrição: *um homem vestido de forma semelhante à Sacerdotisa, mas usando um chapéu pontífice e um pingente solar. Está sentado em um lugar parecido ao que ocupa a Sacerdotisa e na mesma posição, entretanto, o livro em seu colo está aberto, não há água em seus pés, mas, sim, um Silfo, uma Ondina, uma Salamandra e um Gnomo em pé, na grama verde, à direita na imagem.*

Do mesmo modo que o Imperador e a Imperatriz, a Sacerdotisa e o Sumo Sacerdote também formam um par. Enquanto ela representa sabedoria, intuição, ele governa o reino do entendimento de forma consciente. A sabedoria da Sacerdotisa é sentida na alma e no corpo de forma nem sempre articulada. O dom do Sumo Sacerdote é absorver essa sabedoria de forma racional e prática, estabelecendo um elo entre o mundo espiritual e o físico, entre a fé em Deus e a capacidade humana.

Não somente o Sumo Sacerdote, mas também a Sacerdotisa mantém essa ponte entre os dois planos: o material e o espiritual. Entretanto, o foco do Sumo Sacerdote é o mundo material. Ele representa o conhecimento adquirido pelo estudo e a aplicação desse conhecimento no mundo. Aponta caminhos para modificarmos nossa vida e refletirmos sobre o que aprendemos, salientando a experiência e as ideias trazidas pelos nossos antepassados, pois é com eles que aprendemos a colocar nossas crenças espirituais em prática.

As energias elementares se reúnem ao redor do Sumo Sacerdote. São ora seus professores, ora seus colaboradores. O Sumo Sacerdote é também um eterno aprendiz, igual a nós que ao praticarmos o ver, o ouvir e o sentir as energias que presentificam nosso mundo, estamos em constante aprendizado.

Reflexão

Enquanto na carta da Sacerdotisa o livro está fechado, na carta do Sumo Sacerdote ele aparece aberto. Entrada e Saída, Magia e Universo. Contudo, a carta do Sumo Sacerdote é sobre saber usar a sabedoria na vida. O livro está aberto, simbolizando o início do caminhar, o homem simples, ignorante, mas acreditando-se capaz de adentrar a essa Sabedoria e entrelaçar o seu lado material às coisas da alma.

Palavras-chave: educação, ensino, aprendizagem, conhecimento, conformidade, tradição, instituições, identidade coletiva, valores, orientação, ortodoxia, ritos, bênçãos, *status quo*, convenções sociais.

Invertida: fundamentalismo, repressão, intolerância, medo, culpa, extremismo, restrição, cultos, abuso de poder.

VI . ENAMORADOS

O Equilíbrio
Esfera: Material
Astrológico: Gêmeos
Elemento: Ar

Descrição: *um homem e uma mulher em pé, de mãos dadas. Uma fita delicadamente cinge seus punhos. Ela usa um pingente de lua crescente, e ele um pingente de sol. Seus olhares se cruzam.*

Na carta Enamorados, a união das mãos é metafórica. Embora não pareça, nessa representação de casamento, trazida inicialmente pela carta, está o significado mais tradicional do Arcano VI, a "escolha". É o homem escolhendo entre duas mulheres. Apesar de a imagem insinuar que a escolha já foi feita, a ideia de escolha (na vida) presentifica a carta. As escolhas representadas pelos Enamorados envolvem equilíbrio e conscientização.

A carta ainda leva a outro significado: a união dos opostos. A mulher, com seu colar de lua, e o homem, com seu pingente de sol, carregam a simbologia da união dos opostos (lunar e solar, masculino e feminino), da escolha consciente, da vontade própria. A união do casal em perfeita harmonia cria algo melhor do que a soma de suas partes, cria algo novo e único – o amor. Ligada às escolhas, a carta traz a ideia de responsabilidade por tais escolhas – cuidar, alimentar, proteger e, acima de tudo, honrar.

A carta Enamorados fala dos anseios do coração, mas também da importância de segui-los consciente das consequências de tais ações. Finalmente, fala do compromisso com o nosso eu (corpo, mente, coração e espírito).

Reflexão

É difícil unir os opostos. Eles giram, circundam e dançam em torno um do outro. Em equilíbrio, conectam-se, aptos, criam um bem maior. Embora a escolha pelo amor seja algo simples, pois o homem nasceu para amar, essa escolha obedece a um ciclo para chegar ao equilíbrio dos opostos. Independentemente da forma que esse amor se expresse – amor por um marido ou esposa, ou por um filho ou mãe, ele fala a língua do Equilíbrio. É somente por meio do Amor que o equilíbrio se torna possível.

Palavras-chave: escolhas, cruzamentos, confiança, comunicação, relações, parcerias, união, amor, afeto, sexualidade, harmonia, noivado, atração, dualidade.

Invertida: separação, desarmonia, suspeita, ciúme, obsessão, infidelidade, medo de compromisso, perda de amor.

VII . CARRO

A Energia
Esfera: Material
Astrológico: Câncer
Elemento: Água

Descrição: *um homem branco e uma mulher negra em vestimentas rituais, em pé, sustentam ao alto uma criança em direção ao sol. A criança está envelopada por um tecido branco e sua mão aponta para cima, na direção de estrelas que brilham em um céu diurno.*

O Carro remete ao desafio. Mas todo desafio requer esforço e equilíbrio. É o "chegar à glória por caminhos difíceis" diz o ditado popular. Então, sintetizar opostos, reconhecer o masculino e o feminino, o yin e o yang, dentro do Grande Espírito, dentro de nós e no mundo e aprender a valorizá-los é a chave para se manter no desafio.

Ao sermos capazes de unir os dois lados da nossa natureza (intelectivo e intuitivo) avançamos em direção ao progresso, uma vez que vislumbramos novos caminhos que podem nos conduzir adiante, igual à criança na imagem da carta, que aponta para o caminho das estrelas, ou seja, para a nossa essência.

O segredo é reconhecer que os opostos mantêm dentro de si a semente um do outro. Por essa razão, não podem existir separadamente, uma vez que ao se completarem dão à luz algo novo.

Reflexão

Muitas vezes, o Carro é visto como um triunfo ou sucesso, como a expressão máxima da ganância e da necessidade de realização. Uma força poderosa, mas, por vezes, uma ilusão. No Tarô Prateado das Bruxas, o Carro é criado pelo amor, um amor que liga opostos e cria nova energia capaz de conduzir, guiar. A carta fala não apenas de superação de obstáculos, mas de como transcendê-los e, a partir daí, abrir portas para um mundo maior.

Palavras-chave: condução, ambição, controle, direção, determinação, sucesso, triunfo, vitória, vontade, movimento, progresso, velocidade, viagem, conquista, batalha.

Invertida: falta de controle, atraso, oposição, estagnação, falta de direção, agressão, viagem cancelada, problema com o carro.

VIII . FORÇA

O Deus
Esfera: Intelectual
Astrológico: Leão
Elemento: Fogo

Descrição: *um homem segurando uma máscara do "Homem Verde", em pé, com um leão a seu lado. Ele delicadamente deposita sua mão na juba do leão como se fosse um animal doméstico.*

A força retratada pela imagem da carta não se refere à força bruta, mas ao controle, ao domínio. Todos temos acesso ao poder e podemos usá-lo para diferentes propósitos e diferentes formas.

A carta mostra um "Homem Verde", símbolo de fertilidade, vitalidade e força, que acalma e controla o leão não pela força, mas pela delicadeza, pelo respeito, aceitando-o. Ele não tenta mudar sua natureza, mas ajudá-lo a controlá-la.

Trazendo essa ideia para a esfera humana significa que a natureza ou nossas inclinações naturais são importantes. O direcionamento dessa força é que vai transformá-la em impulso, em ação, em detrimento da força reprimida, aquela que cria a sombra e que, aparentemente sob controle, vem à tona em momentos e maneiras inapropriados. Por exemplo, a raiva, que valorizada e devidamente canalizada, pode ser empregada de forma benéfica, construtiva.

Quando aceitamos e valorizamos todo o nosso potencial, angariamos harmonia e nos tornamos plenos. Nada é ruim, tudo tem seu lugar e tempo apropriados. Mas, para se chegar a esse entendimento, é necessário muita paciência, coragem e força.

Reflexão

O homem e o leão não são inimigos. Eles são amigos. Um não é o animal doméstico do outro, nem tão pouco mestre um do outro. Juntos representam a força que vem da vida, da coragem, da amizade, do poder, da paciência, da compostura, da dedicação... juntos.

Força não é o cérebro dominando os músculos, ou o certo derrotando o errado, ou talvez defendendo o fraco. Força é harmonia e coesão entre o que você é e o que você faz.

Palavras-chave: força, gentileza, paciência, compaixão, cura, integração, coragem, coração, controle, disciplina, fortaleza, garantia, potência, virilidade, desejo, instinto, habilidade, domínio.

Invertida: fraqueza, indisciplina, controle ou paciência, arrogância, força, covardia, medo, vergonha.

IX . EREMITA

O Universo
Esfera: Intelectual
Astrológico: Virgem
Elemento: Terra

Descrição: *um ancião, em pé, segurando uma lanterna, sustenta um cajado onde duas serpentes estão entrelaçadas simbolizando a hipocrisia.*

O Eremita, em seu cabedal de conhecimento e sabedoria, caminha só, apoiado em seu cajado. O cajado que simboliza a cura é também um condutor, um suporte que promove a retirada e o isolamento necessários para se ouvir a voz interior.

Ao buscar a verdade, o Eremita promove a própria cura, pois se autoconhecendo, renuncia a ignorância. Se solicitada, sua sabedoria pode guiar outros, jamais controlar ou prejudicar.

A luz que ele carrega ilumina seu próprio caminho, pois representa a própria Chama Divina. Ele não segue ninguém, nem procura seguidores. À medida que continua sua jornada, busca valores que agrega à sua luz e compartilha com a iluminação geral do mundo.

A carta Eremita representa tempo de não mais escutar os outros, tempo de não mais procurar orientação enganosa. A verdade é o que realmente nos importa. Estar sozinho e remover toda a influência externa é o melhor caminho para a autoiluminação. Dessa forma, a ilusão cede espaço à luz que expande e brilha na escuridão.

Reflexão

O Eremita é um caçador que olha continuamente para o Universo. É a pergunta antes de ser a resposta, é o silêncio antes de ser a palavra, a permanência antes de ser a jornada, a dúvida antes da certeza. O Eremita é também a cura antes da ferida, o riso antes da piada, o "sim" antes do "por favor", e o "sozinho" antes do "junto".

Palavras-chave: solidão, introspecção, filosofia, meditação, afastamento, contemplação, sabedoria, orientação, busca, misticismo, privacidade, prudência.

Invertida: introversão, agorafobia, ostracismo, exílio, paranoia, solidão, isolamento, distanciamento extremo, autoabsorção, desajuste social.

X. A RODA

O Desconhecido
Esfera: Intelectual
Astrológico: Júpiter
Elemento: Fogo

Descrição: *Três mulheres dançam. Trata-se de uma jovem, uma gestante e a terceira mulher é uma anciã. Suas mãos estão apontadas em direção ao centro de uma roda.*

Somos tão familiarizados com a roda, com os ciclos da vida, que todos os nossos feriados giram em torno dessa ideia. É algo que já está incorporado em nossa psique. Somos também criaturas cuja cultura há décadas tem focado na ideia de autodeterminação, de controle total da nossa vida. E como trabalhadores e adivinhadores de magia, tentamos entender as energias trabalhadas em uma situação, de modo a controlá-la melhor.

Mas, apesar de toda esse conhecimento, esquemos de alguns aspectos importantes de nossa ancestralidade: o papel dos três Destinos, o papel da sorte e do acaso e a noção de que não somos Deuses ou Deusas, detentores do controle absoluto de tudo. Até mesmo perante o caos, que é parte da experiência humana, tentamos impor certa ordem.

A Roda nos recorda que somos humanos, não Deuses, e que estamos sujeitos à sorte, ao acaso e ao destino, do mesmo modo que os demais seres da criação. Mas por que é assim? Por que coisas ruins acontecem para pessoas de bem? Uma das respostas é que sem os desafios jamais saberemos se aprendemos ou não as lições. É fácil ser verdadeiro quando tudo transcorre de acordo com a nossa vontade. Mas, e diante de pressões, como reagimos?

Um giro da roda pode facilmente trazer tanto ganho quanto perda. A pergunta é: Quão longe um giro pode arremessar uma pessoa? Quanto mais perto do centro da Roda, menos se sente seus efeitos.

Reflexão

A Roda é o ciclo: Donzela, Mãe e Anciã; primavera, verão, outono e inverno; dia e noite; felicidade e perda; entendimento e dúvida.

Mas o ciclo é uma Roda: Donzela, Mãe, Anciã e Donzela novamente; primavera, verão, outono, inverno e primavera novamente; dia, noite e dia de novo; felicidade, tristezas e felicidade novamente; entendimento, dúvida e novo entendimento.

Jamais deseje parar a Roda, ainda que o amanhã seja desconhecido.

Palavras-chave: fortuna, chance, ciclo da vida, oportunidade, destino, sina, boa sorte, movimento, ponto de retorno, evento anual.

Invertida: má sorte, perda de controle, infortúnio, falha, revés inesperado, reversão, atraso.

XI . JUSTIÇA

A Deusa
Esfera: Intelectual
Astrológico: Libra
Elemento: Ar

Descrição: *uma mulher grávida, de olhos vendados, em pé. Há uma árvore escura à sua direita e uma árvore branca à sua esquerda. Ela olha para a direita e mantém suas mãos próximas à boca. Assopra muitas folhas que dispersam ao vento e se transformam em borboletas coloridas a iluminar a árvore escura.*

A Justiça natural não é a justiça humana. De acordo com a imagem da carta, o preto e o branco não são julgados como "certo" e "errado". São energias opostas às energias do mundo material. A Justiça procura não mudá-las ou condená-las. Uma árvore está dormente e perde suas folhas. Isso não é bom ou ruim, é apenas parte do ciclo da vida. A Justiça transforma folhas mortas em borboletas, morte em vida, escuridão em luz.

A natureza trabalha em favor do equilíbrio. Quando esse equilíbrio sofre qualquer abalo, ela opera transformações, restaurando, ajudando a roda da vida a continuar o seu curso.

A natureza segue uma lei muito simples: toda ação é seguida de uma reação, ou seja, toda consequência implica uma ação passada, não apenas ação do acaso, como vemos na carta Roda. Nesse sentido, a Justiça enxerga não somente as ações externas, mas também aquelas que vão além da experiência física. Força moral, racionalidade, sentido prático e rigor são seus elementos regentes. Justiça representa o equilíbrio entre o bem e mal.

Reflexão

Justiça sem benevolência é como um corpo sem alma. A Justiça é uma energia carinhosa, complacente. Semelhante ao Universo que provê tudo com crescimento, a Justiça não pune ou compensa pela perda, ela transforma as energias ao seu entorno, visando à harmonização, ao bem-estar.

Palavras-chave: justiça, karma, causa e efeito, igualdade, verdades, responsabilidade, integridade, equidade, julgamento, contrato, ação legal, ação judicial, tentativas.

Invertida: injustiça, desequilíbrio, desonestidade, hipocrisia, complicações, abuso de poder, burocracia, más decisões.

XII. ENFORCADO

A Magia
Esfera: Intelectual
Astrológico: Netuno
Elemento: Água

Descrição: *um homem está na posição que se assemelha à "invertida" do Yoga, banhado em uma coluna de luz.*

O tarô tradicional descreve um homem de cabeça para baixo em uma árvore, feito um traidor – aquele que se posicionou contra os valores comumente aceitos de sua cultura e, por representar uma ameaça à estabilidade, foi punido. No mundo de hoje, nós ainda penitenciamos quem representa uma ameaça ao bem público. Entretanto, no *Tarô Prateado das Bruxas* a simbologia fala de traição, mas em nível espiritual.

Toda mudança em uma sociedade é sempre válida, desde que acrescente valores, evite a estagnação, encoraje o crescimento e o bem-estar de seus membros. Por sua vez, é preciso cautela, saber avaliar a reação social perante propostas de mudança, evitando assim ser rechaçado.

A carta remete a estar num impasse, a estar de "pés e mãos" atados perante uma situação. A ideia de sacrifício está também ligada à carta do Enforcado, pois é preciso coragem para mudar o *status quo* sem ferir suscetibilidades.

O Enforcado nos lembra de que, quando nos esforçamos, quando exploramos as fronteiras do que é confortável, quando nos colocamos em posição de ver as coisas de um ponto de vista diferente, só temos a ganhar. Quando nos entregamos a essa experiência com amor perfeito e confiança perfeita, somos recompensados com a iluminação. Se nos sufocamos e nos frustramos, perdemos uma oportunidade. Relaxe e experimente o que está acontecendo, deixe-o infundir seu corpo, sua mente, seu coração e seu espírito.

Reflexão

O Enforcado retrata um processo de aceitação. Na verdade, a mudança de alguém que faz um esforço consciente para ser diferente, para ser melhor. Como um arquétipo, a posição invertida indica uma mudança poderosa de perspectiva obtida por um alto custo pessoal. Mas, mudanças na mente, são mais difíceis do que mudanças no corpo. Ouvir a opinião alheia; superar preconceitos; alterar convenções; abandonar os hábitos arraigados e dar oportunidade ao novo exige coragem e muito esforço.

Palavras-chave: reversão, libertação, sacrifício, suspensão, rendição, retirada, restrição, crise, atraso, destaque, iluminação, transformação, iniciação.

Invertida: limbo, martírio, indecisão, autossabotagem, limitação, punição, aprisionamento, traição.

XIII . MORTE

A Energia
Esfera: Intelectual
Astrológico: Escorpião
Elemento: Água

Descrição: *na imagem não há a presença humana, apenas uma vestimenta descartada sobre uma base de pedra. O sol brilha no horizonte distante. No lado direito do quadro há uma lagarta. No lado esquerdo, na direção do sol, uma linda borboleta monarca.*

Tradicionalmente, a Morte é uma das cartas mais "assustadoras" do tarô. Até mesmo para aqueles que sabem que "morte" significa transição, quando a velha imagem da Morte empunhando uma foice e cortando a vida aparece, a respiração fica presa na garganta. Mesmo com toda sutileza da palavra "transição" significando "mudança", dificilmente se abraça a ideia de forma tranquila. Na visão do *Tarô Prateado das Bruxas*, em vez de sofrimento e finais dolorosos, vamos examinar o significado da carta Morte sob o ponto de vista da natureza. Na condição de pagãos, a natureza é nossa verdadeira bíblia, e é dela que deveríamos extrair nossas lições.

Na imagem, a lagarta e a borboleta representam um excelente símbolo de experiência de morte. Inicialmente, a criatura limitada à terra, presa em seu casulo pela metamorfose, liberta-se de forma que ele não mais lhe pertence, e ela passa a ser tanto da terra quanto do ar, etérea e livre. Há um ditado budista que diz: "A dor é inevitável, mas o sofrimento é opcional". O tempo de metamorfose pode ser doloroso, como a mudança normalmente o é. A dor, no entanto, é parte da vida, mas o sofrimento não, uma vez que é causado pela ansiedade de se prender ao velho, àquilo que não pode mais ser. Sabemos que a vida é um constante transmutar, tentar lutar contra esse fluxo é insanidade e causa sofrimento. Morte é mudança, não sofrimento.

Morte é o momento em que liberamos o passado e abraçamos o futuro.

Reflexão

Um elemento difícil de se encontrar na carta Morte é o vazio. Os demais elementos de transformação são facilmente reconhecíveis. A lagarta perde seu invólucro (o desnecessário) e se torna uma borboleta, enquanto o crepúsculo expressa novo começo. Mas o restante da carta está vazio. Popularmente, se assevera que quanto maior a mudança, mais simples ela é. Talvez isso seja verdade, porque somente a necessidade e o desejo de libertação do passado é que nos torna realmente prontos para grandes transformações. E o que fica é a potencialidade, uma página em branco passível de construção. Porque quando há uma transição, o que era essencialmente importante há um minuto, segundos depois deixa de ser.

Palavras-chave: morte, renascimento, finalização, mortalidade, perda, mudança, falha, destruição, rompimento de laços, transição, transformação, força inexorável, eliminação.

Invertida: perda de esperança, decair, corrupção, depressão, inércia, segurança.

XIV . TEMPERANÇA

O Equilíbrio
Esfera: Intelectual
Astrológico: Sagitário
Elemento: Fogo

Descrição: *parte da imagem retrata o dia e parte retrata a noite. No centro, há uma jovem sorrindo, em pé. Ela segura um cálice em cada mão. O cálice da mão direita (lado diurno) está de cabeça para baixo. Próxima ao canto esquerdo inferior, uma flor desabrocha graças à água que verte do cálice. Na mão esquerda (lado noturno), a jovem sustenta o cálice pela base. Um pequeno pássaro amarelo bebe nele.*

Moderação em todas as coisas, ou assim os antigos gregos nos fizeram acreditar. Uma afirmação tão simples e, no entanto, quando examinada atentamente, não o é. Para alguns, é uma declaração banal, pois qual é a diversão em negar a si mesmo? Algum tempo no decorrer da história, a moderação se transformou em abstinência e negação do prazer. Vamos nos livrar dessa bagagem puritana e equivocada e descobrir o que é realmente a Temperança.

Temperança é um fluido, uma mudança de estado que pauta pelo equilíbrio. É viver a vida sem se privar do prazer de vivê-la, aproveitando-a completamente. Manter o equilíbrio não significa agir com rigidez o tempo todo. É saber quando e quanto dar e quando tirar.

A natureza, de novo nossa melhor bíblia, mostra que o equilíbrio perfeito ocorre apenas duas vezes ao ano, no período dos equinócios – período de acomodação e período de florescimento. Tempo é tudo.

A Temperança é sobre harmonizar, não do mesmo jeito, o tempo todo, mas com critério, buscando equilíbrio, sempre. Ser moderado significa estar atento a tudo que se passa ao redor, é alimentar a calma visando alcançar a meta estabelecida. Temperança é verdadeiramente um ato de magia.

Reflexão

Temperança também representa a conexão entre dar e receber, esperar e fazer, ouvir e falar. Se nossa vida diária representa uma troca de energias, devemos ter cuidado em não ser demasiado rígidos (dar muito, falar muito, decidir muito, forçar muito...) e não ser demasiadamente receptivos (aceitar muito, ouvir muito, seguir muito, se dobrar muito). Precisamos acomodar espaços em nossa vida que não devem ser nem maiores nem menores do que nós próprios.

Palavra-chave: temperança, autocontrole, equilíbrio, moderação, harmonia, síntese, paciência, saúde, combinação, harmonia, administração, unificação, sinergia, guias, anjos.

Invertida: desequilíbrio, excesso, temperamento, relacionamento unilateral, diferenças irreconciliáveis, foco inexpressivo.

XV . DIABO

O Desconhecido
Esfera: Espiritual
Astrológico: Capricórnio
Elemento: Terra

Descrição: *suspenso por duas correntes, sob um cubo de luz, há um espelho que reflete uma árvore morta. Fora do espelho é dia, dentro do espelho, os tons escuros da imagem remetem à noite.*

O Diabo é complexo, é o lado negro da vida e de nós mesmos. É Prometeu, a cobra que nos convida a aprender sobre o bem e o mal, é o Anjo Caído, é o Id. É Thanatos e Eros Unidos. É a lembrança de nossos indomados e uma porta de entrada para o espiritual, para um novo tipo de magia. Tudo isso soa muito excitante e sedutor, e é. E, se malcompreendido, pode ser perigoso para nós mesmos, para o outro e para o Planeta.

Ao olharmos para o Diabo, vemos algo que provavelmente não agrada ou que causa medo, porém não percebemos que se trata de um espelho que reflete apenas o que é projetado nele. Trata-se de um espelho especial que mostra nossas sombras, mas não aquelas máscaras que cuidadosamente construímos e exibimos ao mundo.

A sede pela vida, o medo e a fascinação pela morte, a condução da luxúria, o desejo pelo prazer e o instinto animal são impulsos poderosos que moram em nós e são retratados pelo espelho. São impulsos que nos fazem humanos, porém distintos do restante da natureza, pelo caráter dual do ser humano – ora em equilíbrio, ora em conflito, este último estampado na imagem pela figura do Diabo. Onde nossos desejos terminam e nós começamos? O que acrescentamos em nós e do que nos liberamos? Somente após análise minuciosa acerca de todas essas vertentes é que poderemos efetivamente despertar, nos libertar e entender quem realmente somos e qual é o nosso papel neste mundo.

Reflexão

Diabo é a primeira carta entre todas da Esfera Espiritual. De várias formas, o Diabo age feito um guardião da Entrada. Ele representa nosso lado obscuro. E, como qualquer espelho, tem apenas o poder que damos a ele. Mas tem poder, muito poder, porque está na nossa natureza ter um lado sombrio. E esse lado nos prende ao chão, mesmo quando tentamos ir aos céus. Algumas vezes o Diabo é medo, às vezes, é ganância, é infantilidade, é cegueira. Ele se ajusta de acordo com o desafio que precisamos superar, porém em nenhuma delas ele representa vida.

Palavras-chave: escravidão, obsessão, materialismo, tentação, sombra, medo, dúvida, mentira, violência, desvio, ignorância, sexualidade, desesperança, falta de opções, preso, bode expiatório.

Invertida: abuso, vício, violência, mal, fraqueza, distanciamento, livramento, recuperação de poder.

XVI . TORRE

A Energia
Esfera: Espiritual
Astrológico: Marte
Elemento: Fogo

Descrição: *atrás do cubo há uma linda e alta árvore. Em um ramo, à esquerda da imagem, há um pássaro dentro do ninho. O outro pássaro, à direita da imagem voa para longe, mediante a ameaça de um raio.*

Os pássaros passaram um longo tempo procurando o local exato para construir o ninho perfeito. Agora, confortáveis e seguros, eles podem ver a tempestade passar. Pela imagem não podemos categoricamente afirmar que o raio atinge a árvore, contudo, os pássaros sabem que é apenas uma questão de tempo. Uma vez destruído, seu abrigo jamais será o mesmo. E eles levarão apenas o que conseguirem, talvez um estimado pedaço de pena, para reconstruir.

E assim é com todos nós, seres humanos. Gastamos tempo e energia investindo emocionalmente nas estruturas da nossa vida. Edificamos casas, conseguimos trabalho, construímos cuidadosamente crenças e relacionamentos. Passamos a depender delas e a amá-las, chegando mesmo a afirmar que sem elas não viveríamos.

Assim como nas cartas Roda e Morte, a carta Torre fala da resistência do ser humano à mudança, mesmo diante de situações pouco vantajosas. É a casa que não se adequa mais, o trabalho que não desafia mais, a relação que não satisfaz mais. Todavia, o sistema de crença nos segura até não podermos mais. Algumas vezes, o Universo, em sua sabedoria, promove tal mudança. Outras, tudo simplesmente desmorona e, de repente, estamos livres. Livres para examinar os destroços que ainda restam e decidir o que realmente importa, o que precisa ser deixado de lado e o que pode ser adicionado à nova estrutura.

Reflexão

Torre é a conexão entre a energia da destruição e a energia da regeneração. De alguma forma, ela fala da necessidade de sofrimento. Sob o olhar humano, a natureza é repleta de sofrimento. Mas, onde o corpo e a mente reconhecem dor e medo, a alma enxerga oportunidade de experienciar. Embora seja difícil de entender ou aceitar, a energia da Torre é dual, ao mesmo tempo que traz a dor ela opera a transformação.

Palavras-chave: mudança repentina, transtorno, adversidade, queda, destruição, catástrofe, miséria, desastre, ruína, caos, libertação, fuga.

Invertida: medo de mudança, transtorno prolongado, obstáculos, dificuldades, perdas, opressão, aprisionamento, tirania.

XVII . ESTRELA

A Magia
Esfera: Espiritual
Astrológico: Aquário
Elemento: Ar

Descrição: *duas figuras evanescentes – Deus e Deusa – em uma noite estrelada tocam seus dedos indicadores de modo similar à retratação de Michelangelo na Capela Sistina.*

Estrela é uma carta amorosa. Na imagem, no ponto de intersecção formado pelo toque dos dedos da Deusa e do Deus, uma estrela aparece. A leitura que fazemos dessa imagem é que o Divino é incognoscível, e a Deusa e o Deus são realmente o Divino revelado enquanto opostos, que nós certamente conhecemos em pelo menos algum aspecto. Não devemos valorizar um em detrimento do outro, mas amá-los e valorizá-los igualmente. Juntos, eles criam o Divino, a nossa Estrela do Norte, pela qual navegamos o navio de nossas almas.

A estrela representa vários papéis na vida dos humanos – tanto místico quanto material. Como se sabe, as estrelas servem de guia nas navegações e, comumente, fazemos pedidos a elas, confiando nossos sonhos ao seu afetuoso cuidado.

As constelações contam histórias. Olhar para as estrelas nos dá perspectiva, nos faz lembrar de que somos feitos da mesma matéria que esses pedaços de luz na escuridão. Sua luz delicada e brilhante traz esperança em tempos de escuridão, pois as estrelas não são ilusórias, feito a lua, nem irresistível quanto o sol, antes são suaves e maravilhosamente poderosas.

A Estrela representa a renovação após a tribulação. Ela indica fé e reiteração de propósitos, principalmente em momentos de mais vulnerabilidade. Quanto maior a fé em si e na vida, mais orientação e cura nós recebemos pelo constante fluxo universal divino.

Reflexão

Se olharmos para o Infinito, o Infinito olhará para nós. Magia é um milagre. E milagres acontecem todos os dias se conseguirmos reconhecê-los.

Palavras-chave: esperança, fé, cura, limpeza, renovação, orientação, paz, bênção, tranquilidade, serenidade, inspiração, otimismo, felicidade, promessas, desejos.

Invertida: falta de fé, desesperança, descorajamento, falta de orientação, sonhos desfeitos, esperanças tracejadas, desejos não realizados, oportunidades perdidas.

XVIII . LUA

A Deusa
Esfera: Espiritual
Astrológico: Peixes
Elemento: Água

Descrição: *a Lua cheia brilha no céu. Uma mulher em pé ergue seus braços er direção à Lua. Ela porta um pingente com a Tríplice em seu pescoço. Está vestida igua à Sacerdotisa.*

No tarô, enquanto a Imperatriz é a Deusa da Terra e do reino material, a Lu é a Deusa dos paraísos e do reino espiritual. Esses reinos são entrelaçados, e nós na condição de humanos, conseguimos compreender apenas suas facetas e não todo, pelo menos por enquanto. A Lua é a Rainha da Noite, mutável, misterios e sedutora, que governa nossos sonhos e fala ao nosso eu mais intuitivo.

A carta Lua, diversas vezes associada com o Curinga, personagem vilã ardilosa em suas ações, está acima das ilusões e das trapaças, embora em certa ocasiões nos pareça truque o que ela mostra.

Lua fala de dúvidas, de falsas ilusões, deixa evidente que nada é o qu parece. Isso significa que não devemos olhar tudo sob a mesma perspectiva Devemos olhar com nossos olhos físicos, mas também com os olhos espirituais Há um mundo que existe ao lado e dentro de nossa realidade material trazid pela Lua, por meio de visões e sonhos. Esse mundo banhado pela luz da Lua diferente do mundo banhado pela luz do Sol – um intuitivo e o outro material Por sua vez, a realidade criada pela luz da Lua não é menos real que a realidad criada pela luz do Sol.

A Lua nos presenteia com habilidades psíquicas. Ela nos pede atenção à intuição, aos segredos do mundo e pede para aceitarmos as incertezas que fazem parte da nossa vida. Contudo, com frequência esquecemos dessa advertência e perdemos metade dos encantos da vida.

Reflexão

A luz da Lua muda o que ela toca. Na verdade, ela não muda sua natureza, mas nossa percepção a respeito do que observamos, revelando o que está oculto. Lua torna verdades em opiniões, certezas em dúvidas e respostas em perguntas. Transforma água parada em rios e mares; o que é simples se torna profundo. Trata-se de uma carta que exprime incerteza, hesitação.

Palavras-chave: segredos, ilusão, decepção, imaginação, mistério, subconsciente, confusão, falsidade, ciclos, perplexidade, ansiedade, insegurança, sonhos, pesadelos, visões, habilidades psíquicas.

Invertida: segredos revelados, mistérios desvendados, insônia, dificuldade de dormir, irracionalidade, sombras, perigo.

XIX . SOL

O Deus
Esfera: Espiritual
Astrológico: Sol
Elemento: Fogo

Descrição: *a luz solar brilha intensamente. Um homem em pé ergue seus braços para o astro rei. Ele tem um pingente em forma de sol em seu pescoço e está vestido igual ao Sumo Sacerdote.*

Imperador é o Deus do reino material. Sol é o Deus do reino espiritual, porém, como mencionado na carta Lua, esses dois reinos, na verdade, são um só. O Deus do Sol governa o intelecto mais puro, o entendimento claro dos preceitos espirituais. Por meio dessa dádiva, adquirimos conhecimento, comunicamos e compartilhamos sabedoria.

Nossa sociedade valoriza o intelecto e o pensamento racional à custa da intuição e das habilidades psíquicas. Nós, que seguimos o caminho pagão, aprendemos a valorizar o intuitivo e o psíquico dentro de nós e, às vezes, a rejeitar o intelecto. Isso transforma o intelecto em sombra. O Sol nos lembra que todos os meios multifacetados de experimentar o mundo têm o seu valor, incluindo nossa mente consciente com todas as suas habilidades.

Pela luz do Sol podemos ver e sentir claramente o mundo. Pela luz do Sol, o mundo se torna mais vivo. Sol traz energia, vitalidade e alegria. Junto à Lua, a carta Sol forma um dia completo – a plenitude do tempo em que vivemos, crescemos, aprendemos e celebramos.

Reflexão

A luz do Sol ilumina o que ela toca. Isso, na verdade, não enaltece sua natureza, mas nos permite focar nossa percepção e prestar atenção a tudo. Sol transforma opiniões em verdades, dúvidas em certezas e perguntas em respostas. Transforma um fragmento de terra em uma linda paisagem. O que é complicado se torna simples, e o que está confuso é finalmente esclarecido. Trata-se de uma carta que expressa brilho, sucesso e realização.

Palavras-chave: felicidade, alegria, diversão, otimismo, entusiasmo, glória, clareza, consciência, sucesso, celebração, energia, vitalidade, boa sorte, grandeza, vida.

Invertida: ego, falsas impressões, felicidade retardada, depressão, exaustão, exposição, aridez, sucesso parcial, vitória incompleta.

❧ XX . JULGAMENTO ❧

O Universo
Esfera: Espiritual
Astrológico: Plutão
Elemento: Fogo

Descrição: *na imagem há seis estrelas alinhadas no centro da carta, conectadas po um raio de luz. Em volta do raio de luz há energia ascendente em espiral, composta po vários espíritos. À direita, no alto da imagem, um pássaro voa.*

Estamos todos percorrendo um caminho à procura de nossa mais alt evolução espiritual. Um processo de ascensão, aprendendo continuamente. À vezes, temos um insight e algo dentro de nós ressoa, um chamado que parece tanto de fora quanto de dentro, simultaneamente. Nós o ouvimos, sentimos o reconhecemos como verdade. À medida que ouvimos o chamado e tentamo decifrar sua orientação, ele se intensifica, então, nosso espírito e o Divino trabalhando conjuntamente, tocam nossos chakras, despertando-os.

Pode ser que o chamado nos assuste, exija demais de nós, e assim, tendemo a ignorá-lo. Talvez funcione por um tempo, mas não muito, porque nosso espírito anseia encontrar expressão neste mundo. A pura verdade se instala em nosso chakra inferior, causando desconforto ou sufocando medos, até aceitarmos desafio. E então vai subindo, subindo, do mais básico da matéria para o mai etéreo do espírito dentro de nós, até que chega à plenitude.

Esse direcionamento espiritual nos preenche até que precise se libertar se expressar no mundo. E depois, ironicamente, esse impulso etéreo se torna material conforme é manifestado em nossa vida e, consequentemente, no mundo representando um grande salto em favor de nosso crescimento espiritual. Essa é a carta Julgamento. Não há nada de julgamento nela, apenas um convite ao autodescobrimento, à busca do verdadeiro Eu.

Reflexão

Há 7 chakras principais, mas apenas 6 são representados. Os chakras, assim como também a Árvore da vida (símbolo sagrado da criação, fertilidade e imortalidade que representa a ligação entre Céu e Terra) expressam a conexão entre o material e o Divino tal qual uma estrada, sugerindo que a iluminação seja o propósito da existência humana. Mas, por mais que não haja iluminação e nem o desejo de fazê-lo por meio de qualquer crença que seja, não podemos negar a conexão existente entre o Ser e o Universo, e entre o Universo e o Ser.

Palavras-chave: renascimento, renovação, rito de passagem, vocação, despertar, mudança, decisão, perdão, redenção, absolvição, julgamento.

Invertida: dúvida, indecisão quanto à vocação, desprezo a um chamado, resistência à mudança, mágoas, falta de perdão, atraso.

⚞ XXI . MUNDO ⚟

O Equilíbrio
Esfera: Espiritual
Astrológico: Saturno
Elemento: Terra

Descrição: *a imagem retrata a analogia do velho e do novo por meio da natureza – muda de uma árvore próxima a uma árvore formada, supostamente antiga, ambas sobre uma base – e do ciclo de vida humano – uma mulher idosa segura a mão de um menino, à direita da imagem, sobre a mesma base de apoio.*

A árvore anciã e a árvore jovem. A mulher idosa e um menino. Começos e fins.
A carta Mundo conta a história de grandes conquistas. Também conta um segredo a respeito de tais conquistas: não há um fim, mas continuidade.

Uma árvore vive por décadas, talvez séculos, uma vida gloriosa por tantas estações, antes de morrer. Após sua sombra deixar de existir, a árvore jovem, fruto de sua semente, floresce e começa sua própria história, de modo similar, porém única.

Uma mulher vive aprendendo a amar, a perdoar, vendo seus filhos crescerem e os filhos de seus filhos também. Ela vive o seu legado nos genes que passou adiante, na tradição que foi criada, nas lições de vida que compartilha. Essas crianças e as crianças de suas crianças trazem parte dela que levam para o futuro, com seu próprio e único espírito.

A carta Mundo mostra que jamais alcançamos um ponto-final, algo que possa ser marcado em nosso ser, como uma graduação, conseguir um novo emprego, unir-se em matrimônio. Trata-se de marcos históricos que indicam finais apenas para nós, conquistas que nos fazem sentir orgulho. Todavia, nossa jornada não termina, uma vez que esses triunfos representam pausas para um momento de celebração, antes de continuar a viagem.

Reflexão

Tudo em um, um em todos. Equilíbrio e harmonia são estados naturais que vivenciamos em nossa alma quando grandes conflitos são resolvidos de forma natural em nossa vida, sem escolhas, negociações ou sacrifícios.

Palavras-chave: conclusão, sucesso, perfeição, conquista, realização, vitória, recompensa, unidade, totalidade, cumprimento, términos e começos, celebração, centro de atenção, viagem.

Invertida: atrasos, hesitações, falsos começos, estagnação, rotina, trabalho inconcluso.

ZERO . LOUCO

Astrológico: Urano
Elemento: Ar

Descrição: *a imagem descreve o Sol e a Lua em um eclipse parcial. Abaixo, uma árvore solitária em um campo vazio. Uma trilha, em destaque na imagem, leva diretamente à árvore.*

Louco é o espaço intermediário, onde tudo existe. É tanto dia quanto noite e também nenhum dos dois. Tudo e nada coexistem ao mesmo tempo, todo tempo no agora, que é o único tempo. É o silêncio antes do som. Louco é um enigma, um mistério sem resposta.

Na vida prática somos o Louco quando estamos em um ponto em que nada, ou quase nada, é possível. Até mesmo de fazermos uma escolha e a escolha não se adequar a certo espaço ou circunstância, contudo, todas as possibilidades existem. Não há o bem e o mal, nem o certo e o errado. Tudo apenas é.

O aqui e agora é um espaço vazio que pode ser preenchido com o que desejamos. Somos nós que fazemos nosso próprio caminho. A cada passo, o caminho toma forma, ganha definição. Somos donos do nosso próprio destino. Faça suas escolhas. Inicie nova jornada e veja o que de bom suas escolhas podem proporcionar.

Reflexão

Louco é o começo e o fim. Talvez a verdadeira chave para entender o Louco seja defini-lo pelo que ele não é. Ele representa o zero, o vazio, que precisa ser preenchido com seu próprio sentido, mas ainda assim estará vazio, com a mesma clareza que o presente se torna passado e o futuro se torna presente.

Palavras-chave: começo, inocência, liberdade, espontaneidade, aventura, juventude, idealismo, fé, pureza, coragem, descuido, excentricidade, loucura aparente.

Invertida: insensatez, loucura, descuido, estupidez, negligência, distração, ingenuidade, imprudência, ousadia.

CAPÍTULO 5:
OS ARCANOS MENORES

Enquanto as cartas dos Arcanos Maiores representam temas significativos para a vida, os Arcanos Menores ilustram eventos diários. Encontramos os temas das cartas Maiores tecendo a nossa vida nas simples ações do dia a dia. Essas cartas nos ajudam a apontar às áreas precisas em que esses temas Maiores estão se expressando. Combinando as cartas Maiores e Menores, podemos identificar padrões e encontrar respostas que nos auxiliem a vivermos com paixão, amor, discernimento e sabedoria.

Cada carta apresenta: um título; o nome que usamos no *Tarô Prateado das Bruxas*; o significado do naipe; o significado do número; o significado tradicional; a estação do ano; uma curta descrição seguida por um significado mais profundo e palavras-chave para as cartas com imagens tanto na posição horizontal, quanto na posição invertida.

Feitiçaria e magia estão conectadas a estações e ciclos. Bruxas aprendem a reconhecer e a trabalhar em cooperação com as energias da terra. O *Tarô Prateado das Bruxas* incorpora essa dança energética em suas imagens e em seus significados.

Em cada naipe, as cartas numeradas de dois a nove se movem pelas estações do ano, com o número dois começando no inverno (marcado pelo Yule) e o final no outono (no Festival Samhain). Dessa forma, seguimos a essência dos naipes desde a semente no Ás, passando pela sua vida útil durante o ano, terminando com a plenitude do naipe no dez.

As associações sazonais podem ser usadas para determinar o tempo quando se procura previsões. Entretanto, é importante lembrar de apenas interpretar tais conexões literalmente, pois quase tudo no tarô pode ser lido de forma metafórica. As estações não estão, necessariamente, relacionadas às estações literais, mas a fases de uma situação. Novo emprego ou novo relacionamento pode ocorrer no inverno, mas, metaforicamente, ser representado pela primavera. Por sua vez, um projeto ou parceria pode terminar no verão, mas aparecerá nas cartas como final de outono, um período simbólico de términos. Mantenha essa orientação em mente conforme lê as interpretações e as aplica em suas próprias leituras.

Agricultura, plantação, cultivo, colheita e armazenamento são elementos que desempenham papel significativo nas crenças pagãs. Enquanto muitos não plantam sua própria comida, ainda sim contam com esse ciclo e o utilizam como metáforas para todos os aspectos da vida.

Quando falamos em cuidar das mudas, por exemplo, não estamos nos referindo somente ao alimento ou às plantas. As mudas representam qualquer projeto que iniciamos na vida, podendo ser um relacionamento, um projeto criativo ou educacional.

A partir do momento que começar a interpretar os ciclos do ano e temas da agricultura, além de seu sentido comum, facilmente vai transpor os significados das cartas em qualquer situação que as esteja usando.

Ciclos, experiência e cotidiano

O tema "Ciclos" é muito importante no tarô. Nas culturas modernas, frequentemente sofremos a simplificação de que seguir adiante na vida é o mesmo que se mover ao longo de uma linha, do começo ao fim. É como assistir a um filme sabendo que haverá um final feliz e que toda a narrativa estará enredada. A vida, entretanto, é um pouco mais complicada, pois para cada fim há um começo, para cada começo, um fim. E dessa forma, tudo flui. Os ciclos da natureza – nascer, crescer, morrer e nascer novamente – são tão importantes para a vida quanto é para nós o ato de respirar. É o equilíbrio das coisas. Precisamos do inverno tanto quanto do verão, uma vez que todas as estações estão conectadas entre si.

As conexões entre os numerais e as estações no baralho são utilizadas para lembrar do constante fluxo de experiências em todas as situações e com todas as pessoas. Algumas vezes, pode ser prudente perguntar ao tarô não "o que acontecerá", mas "em qual parte do ciclo eu estou". Se a resposta for no inverno, reúna suas forças. No outono, recolha seus recursos. Na primavera, empenhem-se em novo começo. No verão, viva o momento antes que acabe.

O NAIPE DE CÁLICES

Os Cálices estão ligados ao mistério sem fim do sentir e das emoções.

Ao representar o ser humano, o naipe Cálice expressa a parte interior que jamais é compreendida, porém sentida. Trata-se da emoção, feita para fluir, expressar, ir e vir, ao longo de anos, sem fim.

No *Tarô Prateado das Bruxas*, os Cálices estão representados pelas Luas Prateadas. A Lua é uma expressão da constante mudança das emoções. Como as estações, a Lua atravessa um ciclo próprio, sempre poderoso, mesmo quando está oculto. Ela nos chama e, às vezes, somos nós quem a chamamos: lembre-se de que emoções não foram feitas para ser entendidas ou controladas, porém, podem ser reconhecidas, bem-vindas ou libertas.

ÁS DE CÁLICES

Fonte de harmonia da alma

Significado do Naipe: mistérios, sentimentos e emoções.

Significado do Número: a fonte das emoções.

Significado Tradicional: a fonte da água/redenção.

Estação: nenhuma.

Descrição: a Lua está refletida em um cálice, que derrama água.

A Deusa, simbolizada pela Lua, é a fonte de amor, graça, cura e redenção. A Lua representa as emoções, que dão forma aos nossos relacionamentos. Do mesmo modo que a Lua se mostra em sua totalidade e diminui sua aparição, as marés fluem; nossos sentimentos também são assim.

O Ás, entretanto, é um ponto de expansão de sentimentos da Deusa para nós e, consequentemente, de nós para com as pessoas que nos cercam. Essa é uma oportunidade de deixar a essência e a promessa de a Deusa completar o cálice da nossa alma e renovar nosso coração.

A carta Ás de Cálices é um convite para se beber profundamente no cálice do amor universal e encontrar a cura, a redenção. Uma vez renovados, podemos compartilhar e atrair mais facilmente o amor e a paz que tanto desejamos. Conselho: a carta sugere perdão e cura.

> *As emoções mais profundas são algo sagrado. Todas as emoções que sentimos podem ter diferentes fontes. Mas as mais profundas são uma conexão com o Divino. Assim sendo, deveríamos considerar o espírito humano tal qual um templo, e sempre acessá-lo cuidadosamente, sendo em nossa alma ou na de outro alguém.*

Palavras-chave: relacionamento, paz, amor, cura, graça, criatividade, alegria, emoções superestimadas, intuição, afeição.

Invertida: separação, ressentimento, amargura, estagnação, falta de conexão, rejeição ao espiritual, oportunidade perdida.

DOIS DE CÁLICES

As mãos do amor

Significado do Naipe: mistérios, sentimentos e emoções.

Significado do Número: Yule/Solstício de Inverno – um mundo seguro.

Significado Tradicional: um casamento, pacto ou parceria.

Estação: inverno.

Descrição: um homem e uma mulher em trajes ritualistas estão de mãos dadas. A outra mão está levantada para o céu e a Lua brilha acima deles.

Sob a luz pálida da Lua brilha um mundo coberto de neve. Vida e amor parecem uma memória distante conforme nos aproximamos da noite mais longa do ano e a luz nos parece tão fraca e tão longe. À medida que nos aproximamos dessa distante noite escura, nós o fazemos com fé de que a luz voltará. Celebramos aquela noite e recebemos a luz novamente. Aquele pequeno crescimento na luz do dia alimenta nossa fé e se faz verdade. Quando olhamos nos olhos de alguém e reconhecemos a conexão, reconhecemos o seu potencial e com grande fé fazemos nossas promessas.

A semente do Ás foi plantada e juramos nutri-la e vê-la germinar, mesmo que a colheita seja demorada. Mas, hoje, o que importa é o presente, o que importa é alcançar as mãos do amor e explorar o mistério dessa conexão miraculosa com outro alguém.

> *Compartilhar emoções é o ato de amor mais importante. Emoções são elos com a pessoa que amamos (não necessariamente um parceiro, mas um amigo, ou um membro da família). São conexões que se estendem por todo o Universo, pois não há diferença entre amor e amizade.*

Palavras-chave: união, parceria, conexão, paixão à primeira vista, harmonia, amor, atração, romance.

Invertida: discussão, amor não correspondido, repulsa, rejeição, pensamento positivo.

TRÊS DE CÁLICES

A dança da manhã

Significado do Naipe: mistérios, sentimentos e emoções.

Significado do Número: Imbolc – o despertar do mundo.

Significado Tradicional: uma celebração feliz.

Estação: inverno dando passagem para a primavera.

Descrição: três mulheres: uma donzela, uma mãe e uma anciã dançam sob a Lua.

A fé está florescendo, assim também os primeiros sinais da primavera. Segundo a história, Deméter traz as primeiras flores da estação para recepcionar Perséfone, sua filha, de volta do Submundo. Quando mãe e filha se reúnem novamente, após tantos meses, há muita alegria e celebração ao se saudarem. O mundo traz, dançando e louvando, a Deusa da união, da vitória. Três de Cálices diz respeito à celebração, seja ela qual for, mas, principalmente, celebra as pessoas do nosso convívio, após um período de afastamento. A carta fala de desfechos felizes, de plenitude. Aconselha-se expressar seus sentimentos mais puros e a compartilhar os momentos preciosos da vida com aqueles que mais ama.

As emoções mais íntimas não deveriam ficar ocultas – sorrir, dançar, chorar, cantar, rir. Libere suas emoções a cada respiração. Viva com espontaneidade e o Universo conspirará a seu favor. Não se esqueça jamais de ser você mesma – donzela, mãe ou anciã.

Palavras-chave: amizade, família, festas casuais, alegria, diversão, naturalidade, abundância, celebração, conexões.

Invertida: excessos, situações inexplicáveis, sentimento de desprezo.

QUATRO DE CÁLICES

No olho da tempestade

Significado do Naipe: mistérios, sentimentos e emoções.

Significado do Número: Ostara/Equinócio da Primavera – um momento cheio de energia.

Significado Tradicional: tédio.

Estação: primavera.

Descrição: uma mulher, em traje ritualista, descansa sob a luz da lua. Ela está encostada em uma árvore, enquanto vários coelhos e pequenos animais vigiam ao seu redor.

O Equinócio da Primavera representa um período de igualdade entre claro e escuro. É um momento fundamental, logo antes da luz do dia se tornar mais longa, ocupando parte da noite. Há certa calmaria antes do mundo explodir com o germinar de vidas.

O quatro de Cálices explora aquele estado humano contraditório, em que temos por um lado a beleza da vida se abrindo ante nós, e por outro, o sentimento de tédio e insatisfação.

Esta carta nos pede reflexão. A razão de tal comportamento talvez seja a estranha habilidade humana de projetar o futuro. Sabemos que a vida, com a chegada da primavera, aproxima-se do auge, mas ao invés de aproveitá-la nos preocupamos com o que vem depois. A estação mal começou e já estamos preocupados com o trabalho duro da colheita ou com a escassez representada pelo inverno. O conselho é simples: olhe em volta e aproveite as maravilhas da vida.

> *Não é preciso muito para se viver neste mundo. A conexão que temos com o Universo é suficiente para captar a orientação e a energia necessárias ao bem viver. Se toda a alegria e toda a vida do Universo fosse uma tempestade, certamente gostaríamos de estar no centro dela: um lugar silencioso e cercado de vida contagiante.*

Palavras-chave: descontentamento, insatisfação, tédio, aborrecimento, ingratidão, depressão, resistência à mudança, estagnação, falta de inspiração.

Invertida: depressão profunda, tédio, prazer em tripudiar.

~ CINCO DE CÁLICES ~

Dar e receber

Significado do Naipe: mistérios, sentimentos e emoções.

Significado do Número: Beltane – um mundo crescendo e se conectando.

Significado Tradicional: perda parcial.

Estação: primavera dando lugar ao verão.

Descrição: sob a luz da lua, uma mulher em veste ritualista assopra três velas de diferentes cores. A branca e a rosa ainda queimam intensamente.

Para muitos, o foco de Beltane, ou *May Day* é vida e sexualidade. É também um período, como Samhain (passagem do ano para os Celtas), em que o véu entre os mundos é muito tênue. Momento para vivenciar comunicações por parte de pessoas amadas já falecidas, uma experiência agridoce – de conexões felizes, mas também de lembrança e saudade. Durante essa estação, as plantas estão crescendo, mas ainda estão frágeis e necessitam de cuidado. Na verdade, para garantir que as plantas cresçam fortes e saudáveis, as mudas precisam ser selecionadas em benefício do restante.

Na carta, a imagem revela uma mulher selecionando quais velas apagar e quais velas deixar queimando. Isso significa que é tempo de dar e receber, de priorizar, de tomar decisões importantes acerca do que vai sobreviver e esperançosamente vingar no futuro, e o que deve ser eliminado.

Para receber devemos dar. Para dar temos que receber. No entanto, devemos manter o fluxo de energia circulando por ambas polaridades – entre o ato de dar e o ato de receber. Toda escolha traz com ela perda e ganho. São partes do mesmo todo, e devemos aceitar com resignação. Isso é equilíbrio.

Palavra-chave: luto, sentimento de perda, tristeza, arrependimento, pesar, amargura, frustração, decisões difíceis.

Invertida: autopiedade, obsessão pelo futuro, revolta, lamentação perante fracassos.

SEIS DE CÁLICES

O jardim da abundância

Significado do Naipe: mistérios, sentimentos e emoções.

Significado do Número: Litha/Solstício de Verão – explosão de beleza.

Significado Tradicional: memória.

Estação: verão

Descrição: duas crianças brincam sob a lua em um jardim de pedra repleto de flores novas.

O clima *Halcyon* (dias felizes) é de calmaria, de tranquilidade. Períodos caracterizados por saúde e prosperidade. Geralmente, falamos com carinho dos dias *Halcyon* de nossa infância, repletos de alegria e felicidade. Essa é a ideia geral da essência do Seis de Cálices e a celebração de Litha, o dia mais longo do ano. Quando a escassez do inverno dá lugar à abundância e à promessa do porvir. O Deus está no seu momento mais forte, e a Deusa sorri para toda criação. É como se a luz e a provisão preenchessem tanto o mundo que não houvesse tempo nem espaço para preocupações ou tristeza. É um período que reflete plenitude e generosidade.

Alguns momentos na vida são feitos apenas para o deleite. Viva o aqui e agora, sem passado, sem futuro. Seja você mesmo, hoje, pois o amanhã não importa. Para dizer "Eu te amo" não precisa amar "para sempre", contanto que ame "hoje", verdadeiramente. O momento presente deve ser o seu foco.

Palavras-chave: nostalgia, memórias felizes, gentileza, inocência, altruísmo, generosidade, prazeres inocentes, afeição incondicional.

Invertida: recordação do passado, falsas ações, manipulação, compra de afeição ou amizade.

SETE DE CÁLICES

A colheita do coração

Significado do Naipe: mistérios, sentimentos e emoções.

Significado do Número: Lammas – a colheita no mundo.

Significado Tradicional: fantasia.

Estação: verão dando lugar ao outono.

Descrição: uma mulher em traje ritualista, sob a lua, colhe sete "frutos" diferentes: mel, uvas (verdes e roxas), tomates, peras, maçãs e milho.

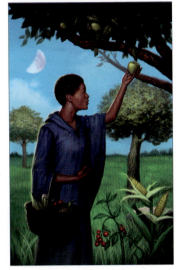

Existem tantas oportunidades e opções no mundo, mas também existe a dúvida, e o tempo corre célere! É igual ao Lammas, às vezes, se faz sentir. As primeiras grandes colheitas nos aguardam, entretanto, os dias estão notavelmente mais curtos. O Sete de Cálices ilustra um período de opções e incerteza. Nosso foco está disperso e não queremos decidir de verdade. Queremos tudo, até mesmo o que não acrescenta ao nosso coração. É definitivamente um período de dificuldade. Um bom conselho seria pesar suas opções, escutar seu coração e definir o que realmente quer. Priorize tempo e recursos.

Seu coração deve estar preparado para abraçar emoções, memórias, palavras e gestos. Tudo contribui para que crie espaço em seu coração. Seja leve e alegre, mesmo diante de um inverno de dificuldades.

Palavras-chave: confusão, fantasias, escolhas, imaginação, sonhos, ilusões, falta de foco, ansiedade.

Invertida: medos, devaneios, escapismo.

OITO DE CÁLICES

A maré noturna

Significado do Naipe: mistérios, sentimentos e emoções.

Significado do Número: Mabon/Equinócio de Outono – um mundo se preparando para adormecer.

Significado Tradicional: recolhimento.

Estação: outono.

Descrição: uma mulher em traje ritualista estende a cama de seu filho em volta de uma fogueira sob a lua.

Aqui, temos outro Equinócio, em que o dia e a noite estão perfeitamente em equilíbrio. Mas, em vez de acordar, os pensamentos do mundo estão em acomodação. Há abundância, mas também muito trabalho a ser feito. Todavia, o Oito de Cálices representa bom período para descansar e se recolher, na toada do ar mais frio e calmo do outono que se aproxima. À medida que acalmamos, refletimos no trabalho já concluído e em tudo que investimos emocionalmente nessa empreitada. Os objetivos estão sendo alcançados conforme planejamos? Estamos respeitando nossas necessidades interiores? Estamos no caminho certo? Do mesmo modo que a mulher na imagem, queremos o melhor para as nossas relações e para os nossos projetos.

Nesse período de recolhimento, em que tudo está organizado e em equilíbrio, percebemos que o momento é de compartilhar.

> *Lembre-se: a palavra de ordem é cuidar, não apenas de si mesmo, dos outros ou das pequenas e grandes coisas, mas de todo o Universo. Cuide de tudo e o Universo cuidará de você, não exatamente da maneira que almeja, porque o Universo é mais sábio, contudo, jamais estaremos sozinhos.*

Palavras-chave: reflexão, retiro, busca, jornada, procura, descontentamento, insatisfação, infelicidade, missão.

Invertida: assentamento, melhor escolha, fuga, pretexto.

NOVE DE CÁLICES

A porta interior

Significado do Naipe: mistérios, sentimentos e emoções.

Significado do Número: Samhain – um mundo dorme e abre portas espirituais.

Significado Tradicional: satisfação

Estação: outono dando lugar ao inverno

Descrição: na imagem, uma mulher em traje ritualista, de olhos fechados, sentada de pernas cruzadas sob a lua, ergue suas mãos para o céu. A neve se derrama por todo o cenário.

O Nove de Copas mostra o término de um ciclo tanto anual, quanto um ciclo de vida. É a conclusão de todo o trabalho de um ano, um período para agradecer e pedir bênçãos para o próximo inverno. Mesmo com a neve chegando e a natureza perdendo sua vibração, lembramos daquela liberalidade e da poderosa energia que essa estação oferece.

Do mesmo modo que Ostara (Equinócio da Primavera), que representa um momento de amor e união entre o Sol e a Lua, o Nove de Cálices nos lembra que o véu entre o mundo material e o espiritual é muito tênue, e que toda ação que se manifesta na Terra tem o seu início no espírito. No ímpeto de realizar a colheita, priorizamos apenas o material. Trata-se de um momento não somente de usufruir da recompensa que recebemos e ajudamos a criar, mas um tempo de reconexão com o mundo espiritual, com nossos ancestrais, guias e aliados.

Tente encontrar o equilíbrio entre o tangível e o intangível, o profundo e o manifesto, que não são elementos opostos, nem distintos. Abra a porta de seu coração e explore além do que já conhece. Lembre-se de que o Universo é bem maior do que se pode imaginar.

Palavras-chave: realizações, contentamento, satisfação com a vida, orgulho, hospitalidade, sensualidade, conquistas materiais, felicidade.

Invertida: excesso de indulgência, presunção, insatisfação, desperdício, egoísmo.

~ DEZ DE CÁLICES ~

O que está em cima está embaixo

Significado do Naipe: mistérios, sentimentos e emoções.

Significado do Número: o mundo maior.

Significado Tradicional: felicidade.

Estação: nenhuma.

Descrição: uma mulher, um homem e duas crianças estão em pé na água. A lua e o arco-íris que preenchem o céu estão refletidos na água, ao fundo na imagem.

O Dez de Cálices é a expressão completa da promessa do Ás de Cálices. A semente do amor que foi ofertada, recebida e alimentada por todas as cartas e entre elas cresceu, floresceu e agora deu frutos. O que vem do Alto – o amor e a confiança perfeitos (energia do macrocosmo) – está contido no microcosmo (homem e o mundo físico) e nos faz lembrar do ensinamento hermético: "O que está em cima está embaixo". Assim sendo, a carta indica conexões profundas e intimidade emocional. Trata-se do tipo de amor verdadeiro que se expande quando compartilhado. Ao deixarmos o amor universal adentrar em nosso coração, damos o primeiro passo para a sua manifestação e sua expansão, não apenas em nossa alma, mas em nossas relações mais importantes, angariando, dessa forma, a experiência feliz de constatar que o melhor investimento da vida é promover o bem a si e ao próximo.

Para se amar, é preciso aprender a amar alguém. Para amar alguém é preciso aprender a amar. E amar significa amar o Universo.

Palavras-chave: harmonia familiar, otimismo, conforto, tranquilidade, paz, santuário, alegria, felicidade, afeição profunda.

Invertida: disputas familiares, discussões, infelicidade, disfarce, separação, promessas não cumpridas, traição.

O NAIPE DE PENTÁCULOS

Ao nos esforçarmos para combater a pressão da vida moderna e sua impiedosa intenção em reverenciar o material, passamos a enxergar a grande diferença entre matéria e espírito, embora essa leitura, às vezes, seja um tanto ilusória, considerando-se que Pentáculos expressa matéria e materialidade. Por essa razão, muito frequentemente desconsideramos tal significado conforme colocamos mais ênfase aos reinos da emoção e das paixões aparentemente sem importância.

Pentáculos expressa a ligação, a conexão entre os elementos que regem o mundo. Nada pode ser realmente completo a não ser que haja uma manifestação, um corpo. A comida deve ser ingerida e saboreada, um corpo deve descansar, o amor deve ser externado. Devemos nascer, devemos envelhecer e, finalmente, morrer.

É por isso que no *Tarô Prateado das Bruxas* a matéria é simbolizada por fios de pratas. A matéria conecta, faz um todo. A matéria é apenas mais uma forma de energia.

Enquanto gesto, Pentáculos poderia ser o movimento. Enquanto perfil, poderia ser a forma, mas não uma força estática, nem tão pouco uma sombra sem expressão do mundo espiritual.

O Naipe de Pentáculos está relacionado a tópicos, conexões, base, raízes, manifestações: tudo é um, a relação entre o um e o todo, e entre o todo e um. O Universo é único, integral, indivisível.

ÁS DE PENTÁCULOS

A linha que tudo conecta

Significado do Naipe: coerência, estabilidade, vida, harmonia.

Significado do Número: a fonte da energia da sua vida.

Significado Tradicional: a fonte da terra, da materialidade.

Estação: nenhuma.

Descrição: um velho tronco de árvore entre vegetações e flores, sustenta um luminoso e fino fio que envolve um pentagrama – a triluna.

O mundo físico está conectado ao mundo espiritual, o que significa que a manifestação do espírito está em tudo que fizermos enquanto estivermos no mundo físico. Os fios que tecemos ao longo da vida, sejam pelas práticas mágicas intencionais, sejam pelos pensamentos, palavras e ações, são todos espirituais, pois trabalham com a energia do Universo para criar nossa experiência.

O Ás de Pentáculos revela o ponto em que o espiritual se torna material; representa triunfo, êxito em uma área específica. É a árvore que conecta os mundos e, ao nos conectar a eles, acessamos toda a criatividade do Universo, tornando-nos, artífices do próprio destino.

Tudo está em plena conexão. Olhe para o material, mas sem perder de vista o espiritual, pois a construção da vida pede diferentes habilidades.

Palavras-chave: abundância, recursos, dinheiro, riqueza, saúde, conforto, prazer, criação, sorte, conquista de objetivos.

Invertida: falta, recursos mal aproveitados, preocupações físicas, busca de dinheiro, oportunidade perdida.

DOIS DE PENTÁCULOS

O Bailarino

Significado do Naipe: coerência, estabilidade, vida, harmonia.

Significado do Número: Yule/Solstício de Inverno – um mundo seguro.

Significado Tradicional: o movimento eterno.

Estação: inverno.

Descrição: uma mulher em plena neve está embaixo de uma árvore e olha para as estrelas. Ela faz malabarismos com dois Pentáculos conectados a delicados fios. Aos seus pés, próximo à sua perna, um coelho está encolhido devido ao frio.

O Solstício de Inverno, a noite mais longa do ano, marca uma mudança – da escuridão para a luz. Entretanto, para nossos ancestrais, o momento significa a continuação de um período de escassez. Mesmo com a volta da luz, levará um tempo até que o alimento seja cultivado.

No dois de Pentáculos sentimos necessidade de equilibrar energias opostas, tal qual acontece nos movimentos delicados de malabarismo, ou seja, habilidade de controlar situações difíceis e de sobreviver a elas. A carta remete à dualidade – há muito a ser feito, são muitas as oportunidades que nos aguardam, mas que clamam por mudança de atitude, atenção e prudência. Contudo, a promessa de um futuro promissor está presente, tanto quanto o coelho aos pés da mulher, descrito na imagem.

> *É possível se mover enquanto se está parado, e ficar parado enquanto se move. Movimento e pausa, luz e escuridão, voz e silêncio são nada mais que os dois lados da mesma moeda.*

Palavras-chave: multitarefa, equilíbrio, orçamento restrito, cotações, escassez de recursos, calma perante a crise.

Invertida: resolução de um problema por meio de outro, crise financeira, estresse, energia frenética.

TRÊS DE PENTÁCULOS

Espelho do Universo

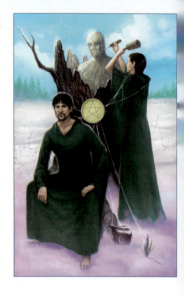

Significado do Naipe: coerência, estabilidade, vida, harmonia.

Significado do Número: Imbolc – um mundo despertando.

Significado Tradicional: uma peça de arte.

Estação: inverno dando lugar à primavera.

Descrição: a imagem que retrata um homem sentado em plena neve representa o modelo a ser esculpido por uma mulher em um tronco velho de árvore. Um único açafrão floresce para fora da neve; próximo há um coelho. Fios delicados conectam todos os elementos: homem, mulher, escultura, flor.

Com o despertar do mundo no Imbolc (início da primavera), nossa criatividade também desperta. A introspecção começa a ceder espaço para o despertar. O que parecia morto, começa a aparecer, sempre devagar, mas dando sinais de vida. Aos poucos, começamos a nos empenhar e a tornar real aquilo que antes só existia a nível mental. Canalizamos tais visões e intenções por meio de nossos planos, e pelas nossas mãos logo se manifestam no mundo físico.

> *Tudo o que fazemos ou criamos não pertence apenas a nós. A inspiração vem do Universo; quando criamos algo, retornamos para o Universo. E dentro dele vai crescer e se tornar algo melhor.*

Palavras-chave: trabalho em grupo, criação, habilidade, projeto vantajoso.

Invertida: insatisfação, trabalho de má qualidade, omissão, contribuições inexpressivas.

QUATRO DE PENTÁCULOS

Vida, respiração

Significado do Naipe: coerência, estabilidade, vida, harmonia.

Significado do Número: Ostara/Equinócio da Primavera – um momento cheio de energia.

Significado Tradicional: ganância, limitações.

Estação: primavera.

Descrição: uma mulher, em posição de Lotus do Yoga e de olhos fechados, medita. À sua frente há um pentagrama e, atrás dela, um arbusto. À esquerda da imagem, um coelho corre para o arbusto. E, à direita da imagem, vários pássaros multicoloridos saem de lá. Todos os elementos estão conectados a delicados fios. Embora o Equinócio da Primavera represente um novo tempo de vida, significa também tempo de equilíbrio.

A vida é composta de ciclos e fluxos, é a energia que surge da terra e se espalha pelo mundo. A carta, embora represente o reflorescer, vem ainda acompanhada da necessidade instintiva do ser em alinhar, aprumar, sentir-se seguro para depois usufruir das alegrias simbolizadas pelo verão. Nessa conexão com o fluxo universal, procuramos ser canais estáveis para o fluir dessa energia, principalmente para os dias de escassez que não tardam a chegar.

A energia é matéria em constante transformação. Enraíze-se. Nada é criado, mas tudo muda e flui em novas formas. Respire fundo, liberte-se: aceite o fluxo do Universo e funda-se a ele.

Palavras-chave: possessividade, administração de recursos, economia, proteção, administração.

Invertida: Avidez, acúmulo, apropriação indevida, mau uso de recursos.

CINCO DE PENTÁCULOS

Desapego

Significado do Naipe: coerência, estabilidade, vida, harmonia.

Significado do Número: Beltane – mundo criando conexão.

Significado Tradicional: pobreza, necessidade.

Estação: primavera dando lugar ao verão.

Descrição: duas mulheres, uma jovem e outra mais velha, despem-se antes de entrar em uma lagoa, embaixo de uma árvore de grandes dimensões. As pontas de seus dedos se tocam. As raízes, visíveis, alcançam a água. Abaixo da árvore, tudo é sombrio, porém do lado de trás há uma luz dourada. Um coelho descansa sob a sombra da árvore.

Beltane é uma celebração de conexão, geralmente de opostos, que se juntam para criar algo novo. Contudo, antes de algo se tornar novo ou melhor, é preciso abrir mão do desnecessário. É um momento de desnudar, desapegar a fim de que novas pontes sejam construídas. Lutar contra não conspira a favor. É um tempo de transformação que pode ser traduzido por uma experiência ansiosa, assustadora, ou até dolorosa, mas necessária.

Nesse sentido, Cinco de Pentáculos nos convida a receber a experiência de tocar nosso verdadeiro âmago e enxergar os resultados.

> *Para ter mais, é preciso aceitar ter menos. Para receber, é preciso primeiro dar. Para vestir o novo, é preciso se desnudar. Não há nada que o Universo possa oferecer se não estiver em harmonia com ele. A primavera sempre dá lugar ao verão, independentemente de sua vontade, de seus desejos e de seus medos. Assim é a vida.*

Palavras-chave: carência, necessidade, fome, falência, ruína, destituição, preocupações com a saúde, a não aceitação de ajuda.

Invertida: negligência com as finanças, ajuda desnecessária, vantagem alheia.

SEIS DE PENTÁCULOS

Estar presente

Significado do Naipe: coerência, estabilidade, vida, harmonia.

Significado do Número: Litha/Solstício de Verão – uma explosão de beleza.

Significado Tradicional: generosidade, equidade.

Estação: verão.

Descrição: no centro da imagem, uma linda árvore floresce. No entorno há uma mulher que alimenta um coelho e uma garotinha que colhe frutas caídas ao chão. Delicados fios conectam todos os elementos.

No Litha o mundo explode em beleza. A glória do espírito e da vida estão presentes em tudo. É como se a generosidade do mundo estivesse se mostrando em seu traje mais fino. Cores, cheiros e gostos satisfazem nossos sentidos e aguçam nossa vontade de dar, repartir esse "doce" que flui em nós também.

O período de escassez e de escuridão passou faz tempo e, por ora, parece haver o suficiente para todos. É momento de compartilhar com o mesmo desprendimento que a natureza o faz, enquanto nos certificamos de que também aproveitaremos um pouco.

Apenas seja. Não pense. Não se mova. Não pare. Apenas seja. E seja você mesmo, plenamente. E nada mais.

Palavras-chave: caridade, equidade, presença, doação, concessão, bolsa de estudos, empréstimo, possibilidade de julgamento, taxas, honorários, compartilhamento de riqueza, pedido de ajuda.

Invertida: falta de concessão, empréstimo, mesquinhez, ausência de caridade, julgamento, taxas ou honorários injustos, incapacidade de ajudar quando solicitado.

SETE DE PENTÁCULOS

A luz no fim do dia

Significado do Naipe: coerência, estabilidade, vida, harmonia.

Significado do Número: Lammas – a colheita no mundo.

Significado Tradicional: os frutos do crescimento.

Estação: verão dando lugar ao outono.

Descrição: na imagem, uma mulher permite que um esquilo escale seu ombro. Um coelho está sob seus pés. Ela se encontra próxima a uma árvore frutífera em meio a uma plantação. Na árvore, há um Pentáculo e um delicado fio conector.

Lammas, o tempo de colheita, é um período pleno. Os dias estão começando a encolher e precisamos pensar no inverno. Mesmo nesse período de atividade, nossa conexão com o Universo nos lembra da importância de diminuir o ritmo, refletir e aprender com nossas experiências recentes. De acordo com a imagem, até mesmo o atarefado esquilo consegue tempo para cuidar de suas provisões. É importante não colher tão cedo; tudo precisa de tempo para maturar.

Período favorável para olhar os feitos e analisar em que momento os resultados valeram o esforço – o que funcionou e o que precisa ser ajustado da próxima vez. Talvez haja tempo de adequar, mediante ações rápidas, os resultados da colheita atual.

> *Finais são momentos preciosos, não momentos tristes. Finais dão sentido à jornada. Mesmo que aparentemente não façam muito sentido, são necessários. Um sinônimo para "fim" é "encerramento".*

Palavras-chave: avaliação, reflexão, retorno de investimento, colheita, recompensas, laudo.

Invertido: desapontamento, oportunidade perdida, colheita prematura, falta de estratégia.

OITO DE PENTÁCULOS

Preparando as luzes

Significado do Naipe: coerência, estabilidade, vida, harmonia.

Significado do Número: Mabon/Equinócio de Outono – um mundo se preparando para dormir.

Significado Tradicional: concentração no trabalho.

Estação: outono.

Descrição: na imagem, uma mulher esculpe um Pentáculo em uma lâmpada. Muitas outras luzes acesas estão penduradas em uma linda árvore. Folhas vermelhas cobrem o chão e flutuam no ar.

A estação do trabalho está se encerrando. Os longos dias cedem espaço à escuridão, que chega lentamente. Sentimos o último impulso para terminar nossos projetos, porém, desejamos ir além, não simplesmente alcançar a meta, queremos aprimoramento de nossas habilidades para realizar com primazia. Essa dedicação que colocamos nessa última explosão de energia nos compele, nos ajuda a descobrir que nossos talentos podem ultrapassar as expectativas anteriores.

Enquanto o mundo se prepara para adormecer, repousamos a cabeça no travesseiro com a consciência tranquila, sabendo que demos nosso melhor.

> *Quando a noite chega, aparece apenas para uma parcela do mundo. Não podemos viver toda vida na luz, mas, por sua vez, podemos aprender a enxergar no escuro e a gerar luz para que os outros possam enxergar também. Não há nada a temer, porém muito a ser feito.*

Palavras-chave: trabalho, habilidade, artesanato, diligência, dedicação, foco, direção, determinação, progresso.

Invertida: trabalho de má qualidade, compulsão por trabalho, tédio.

NOVE DE PENTÁCULOS

O silêncio sutil

Significado do Naipe: coerência, estabilidade, vida, harmonia.

Significado do Número: Samhain – o mundo dorme e abre portas espirituais.

Significado Tradicional: herança e riqueza.

Estação: outono dando lugar ao inverno.

Descrição: uma mulher vestindo uma toga caminha pela água. Seus dedos e lábios indiciam um pedido de silêncio. Atrás da figura da mulher, a imagem mostra uma parreira de uvas. Há também um pássaro colorido voando ao seu lado. Trata-se de um período de fartura, pois frutas abundantes ainda estão ao nosso alcance. Mas ainda há trabalho a ser feito e pouco tempo para realizá-lo. Entretanto, o Samhain pede silêncio e reverência.

É tempo de gratidão não apenas pela gloriosa abundância da natureza pelos maravilhosos resultados de nosso próprio trabalho, mas igualmente pela bênçãos que nos são ofertadas pelo Deus e pela Deusa, nossos aliados espirituais

> *Deixe o mundo dormir. Mova-se gentilmente, sem acordá-lo. Olhe a vida do jeito que é, aguardando pacificamente pelo próximo dia. Há um período de fazer e um período de deixar partir. Faça-se presente e seja parte de tudo, sem a necessidade de imprimir sua marca. Há magia no silêncio.*

Palavras-chave: disciplina, autoconfiança, conquistas individuais, riquez material, segurança, solidão.

Invertida: pausa, insatisfação, aprovação.

DEZ DE PENTÁCULOS

Continuidade

Significado do Naipe: coerência, estabilidade, vida, harmonia.

Significado do Número: o mundo maior.

Significado Tradicional: vida ao longo das gerações.

Estação: nenhuma.

Descrição: dois cachorros estão sob um arco. Um ancião cuida de um gato e um jovem casal dança ao fundo da imagem, sob o céu azul.

A semente do Ás de Pentáculos, com todas as suas promessas de estabilidade, abundância e vida, floresceu na plenitude do Dez de Pentáculos. Não se trata de abundância de uma estação que será consumida, sendo reposta no próximo ano, mas de prosperidade. A carta fala de raízes profundas na terra, necessárias ao futuro crescimento, não de emoções fugazes que fluem e refluem.

O Dez de Pentáculos remete à devoção e à lealdade que são duradouras, independentemente das circunstâncias – resultado de uma existência que foi cuidadosamente plantada, alimentada e protegida por anos. Jovem e velho, cão e gato, preto e branco, alegria e contemplação, físico e espiritual significam a totalidade harmoniosa, a plenitude, que permitem ao homem adentrar a questões mais profundas em prol do bem comum.

> *Uma das conexões mais fortes é a família, que significa uma força poderosa.*
> *O Universo nos une com nossos pais e nos unirá às nossas crianças e,*
> *posteriormente, às suas crianças. Nesse canal de conexões, muito já*
> *floresceu, mas ainda há muito mais a florescer.*

Palavras-chave: família, conexões, continuidade, amizade, solidariedade.

Invertida: distanciamento da família, divisão, sentimento de não pertencimento.

O NAIPE DE BASTÕES

O Naipe Bastões está ligado à energia, à iniciativa, à paixão. No ser humano representa a força do trabalho, a criatividade e suas formas de expressão. É nossa parte que se move, que treme e queima brilhantemente. Criatividade e energia é o que alimenta os melhores momentos de qualquer dia.

A energia desse naipe é sempre marcada pela dinamicidade e fluidez. Não há pausa a não ser que haja algum obstáculo impedindo esse fluir de energia trabalho.

No *Tarô Prateado das Bruxas*, Bastões é simbolizado por chamas com o miolo prata. São como lanternas ou bons espíritos do fogo. Eles não fazem distinções apenas vibram pela realização do ser humano.

O naipe fala de ação, de luta, de empenho, de responsabilidades por nossas ações e pela falta delas. Enquanto houver fogo, o combustível a nos impulsionar seguiremos em frente.

ÁS DE BASTÕES

A faísca que inicia o incêndio

Significado do Naipe: paixão, movimento, iniciativa.

Significado do Número: a fonte da sua paixão.

Significado Tradicional: a fonte do incêndio/criatividade.

Estação: nenhuma.

Descrição: a imagem destaca uma chama ardente que remete ao calor e à felicidade. Ao seu redor, diversas frutas representam a colheita, símbolos da abundância. Um gato na cor laranja caminha entre as frutas.

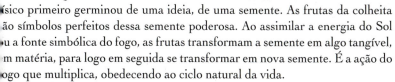

Tudo o que é manifestado no mundo físico primeiro germinou de uma ideia, de uma semente. As frutas da colheita são símbolos perfeitos dessa semente poderosa. Ao assimilar a energia do Sol ou a fonte simbólica do fogo, as frutas transformam a semente em algo tangível, em matéria, para logo em seguida se transformar em nova semente. É a ação do fogo que multiplica, obedecendo ao ciclo natural da vida.

Quando nos conectamos com nossa Divindade Interior, acessamos o Fogo Divino, que abastece não apenas novas ideias, mas provê energia para vida, nos dotando de otimismo e coragem. É o momento do incendiar de nossa vontade, quando nos voltamos para os grandes empreendimentos, para o êxito. E toda essa conquista está ligada à nossa intuição, representada pelo gato na imagem. O Ás de Bastões indica ideia inovadora, novos e fascinantes projetos, criatividade ou energia.

> *Energia é sempre energia, mesmo que não seja direcionada. Energia é um estado de ser. É uma fonte potencial, vibrante. Energia é também algo contagiante, faz tudo ser mais brilhante, rápido, nítido. Incluindo nós mesmos.*

Palavras-chave: desejo, paixão, vontade, movimento, inspiração, potência, energia, empreendimento, confiança, coragem, otimismo, objetivos, invenção.

Invertida: atraso, insatisfação, ausência de energia, impotência, oportunidade perdida.

DOIS DE BASTÕES

O instante antes do amanhecer

Significado do Naipe: paixão, movimento, iniciativa.

Significado do Número: Yule/Solstício de Inverno – um mundo seguro.

Significado Tradicional: contemplando opções para expansão.

Estação: inverno.

Descrição: a imagem apresenta um homem nas montanhas a olhar de cima a vastidão à sua frente. É o momento que precede o alvorecer por trás das montanhas. Ele ergue sua mão para que o sol a toque suavemente. Um gato na cor laranja dorme por perto.

A noite mais longa do ano é destinada à contemplação e à fé. A manh seguinte trará o novo sol. Às vezes, a vida contemplativa é bem árdua e no torna ansiosos para entender o novo dia para começarmos a criar. Alguma vezes esperamos impacientemente o momento de operar mudanças, de inicia um trabalho, mas ainda não é tempo.

O Dois de Bastões fala de esforço, de encorajamento, de confiança É aquele pequeno deslumbre de luz, aquele impulso de energia que convida não desistirmos, mas, sim, a usá-lo sabiamente para quando o momento chegar

> *Pense no movimento das estrelas, aparentemente estáticas, porém seguindo o seu curso. Assim também é o homem, que prescinde de acomodação, reflexão e controle, movimentos que precedem a arremetida, o grande salto.*

Palavras-chave: visão, energia, autoridade, habilidade, determinação, domina ção, intenção, ascensão profissional, confiança.

Invertida: indecisão, confusão, falta de visão, rompimento de um acordo d negócios.

TRÊS DE BASTÕES

Pássaros voando para o Norte

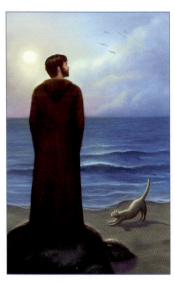

Significado do Naipe: paixão, movimento, iniciativa.

Significado do Número: Imbolc – um mundo despertando.

Significado Tradicional: observando o desdobramento de suas iniciativas.

Estação: inverno dando lugar à primavera.

Descrição: ao amanhecer, um homem olha para o mar e assiste ao voo de um bando de pássaros migratórios indo em direção ao Norte. Um gato na cor laranja cumprimenta o dia com um despertar longo e lento.

Com a chegada do Imbolc, o mundo acorda, e no Norte as terras começam a descongelar. Os pássaros iniciam sua longa migração, e a vida começa a despertar. O fogo da vida une a energia que precisa para queimar desde as cascas duras das sementes, até a pesada terra, e a longa e difícil jornada do ventre para o mundo. Tudo estava aquecido e seguro, aparentemente estático, enquanto por dentro, grandes mudanças ocorriam.

A metamorfose interna, a tomada de consciência exige resistência, disciplina para aquele que realmente almeja nova vida. Porém, otimismo, foco e paciência são fatores importantes nesse momento de espera.

> *Uma correnteza começa devagar e, então, intensifica e adquire ritmo próprio. As mudanças são assim, demandam tempo, mas em todo processo, o primeiro e invisível passo em favor da transformação talvez seja o mais importante.*

Palavras-chave: otimismo, expectativa, atração, Lei da Atração, preparação, culminação, retorno de investimentos, foco.

Invertida: atraso, desânimo, oportunidade perdida, julgamento, decisão equivocada, distração, insatisfação.

QUATRO DE BASTÕES

Dançando ao redor da fogueira

Significado do Naipe: paixão, movimento, iniciativa.

Significado do Número: Ostara/Equinócio da Primavera – um momento cheio de energia.

Significado Tradicional: celebração ao final do dia.

Estação: primavera.

Descrição: na imagem, um homem e uma mulher dançam em volta da fogueira. Eles têm flores em seus cabelos. Um gato na cor laranja corre ao lado, perseguindo o próprio rabo.

Com o término do inverno, os dias se tornam mais longos. O inverno fo bem e sobrevivemos, por essa razão, comemoramos. A energia que vem send construída desde Yule agora tem permissão para se expressar.

Ostara, o Equinócio da Primavera, é um tempo de equilíbrio e de afugenta o tédio trazido pelo inverno. Em breve, será tempo de focar essa energia para trabalho, para as conquistas, para o progresso.

> *Para realmente estar em um lugar, "presença" e "foco" são elementos imprescindíveis. A carta fala de presença. Presença de verdade. Não é meramente estar lá, não ao lado, tal qual um espectador anônimo, mas participar, envolver-se, cooperar.*

Palavras-chave: férias, festa, celebração, reunião, honra a algo ou alguém, êxito premiação, conquista comum.

Invertida: planos malsucedidos, comemoração antecipada, discordância discussões.

CINCO DE BASTÕES

O ciclo da vida

Significado do Naipe: paixão, movimento, iniciativa.

Significado do Número: Beltane – um mundo de crescimento e conexões.

Significado Tradicional: lutas, competições e reinos.

Estação: primavera dando lugar ao verão.

Descrição: na areia, algumas pessoas de diferentes idades e gêneros estão de mãos dadas em um círculo. Perto delas, a imagem apresenta dois gatos na cor laranja que brigam um com o outro.

As forças sexuais representam uma metáfora da energia de Beltane. A jovialidade, a força e a motivação, opondo-se à estagnação, caminham juntas, uma vez que são aliadas da criação. Trata-se de um tempo de trabalho conjunto, visando a um bem maior, à sobrevivência. Isso significa reconhecer e priorizar cada talento, cada habilidade da melhor maneira possível.

A competitividade, as divergências talvez sejam necessárias no momento, a fim de impulsionar aqueles que precisam de mais treino para crescerem fortes e acompanharem o ritmo dos demais. Somente a luta consciente capacita o ser humano a enfrentar os desafios que a vida prepara em cada estação.

Lembre-se de que não existe relacionamento sem conflito. Ganhar e perder. Leviandade e seriedade. Não há diferença entre vencedor e vencido. Não há derrota, nem sucesso. Há apenas crescimento.

Palavras-chave: competição, conflito, debate, esforços em grupo, comitês, personalidades fortes, opiniões diferentes, objetivos não compartilhados, falta de liderança.

Invertida: brigas, agressividade, problema, crítica improdutiva.

SEIS DE BASTÕES

O cortejo nupcial

Significado do Naipe: paixão, movimento, iniciativa.

Significado do Número: Litha/Solstício de Verão – uma explosão de beleza.

Significado Tradicional: previsão de realizações.

Estação: verão.

Descrição: um homem e uma mulher caminham à frente de mãos dadas. Um pouco atrás, homens e mulheres seguram tochas. O homem carrega no ombro um gato na cor laranja.

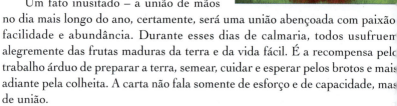

Um fato inusitado – a união de mãos no dia mais longo do ano, certamente, será uma união abençoada com paixão, facilidade e abundância. Durante esses dias de calmaria, todos usufruem alegremente das frutas maduras da terra e da vida fácil. É a recompensa pelo trabalho árduo de preparar a terra, semear, cuidar e esperar pelos brotos e mais adiante pela colheita. A carta não fala somente de esforço e de capacidade, mas de união.

Na imagem, a união do casal com votos sagrados de prosperidade e fidelidade somente se concretiza após certo período de convivência, que significa adentrar a intimidade um do outro, construir confiança, demonstrar afeto, testemunhado na ilustração pelas pessoas. Amar alguém em tempos de alegria e de dificuldade é digno de reconhecimento e celebração.

> *Independentemente da rota que se decida seguir, seja breve ou longa, seja reta ou curva, seja por caminhos conhecidos ou inexplorados, ainda assim se anda sempre para frente. Lembre-se de que "devagar se vai ao longe".*

Palavras-chave: vitória, honra, conquista, reconhecimento, orgulho, cerimônia pública, elogios, comprometimento, sucesso, triunfo.

Invertida: falha, negligência, desapontamento, humilhação, desonra, vergonha, tomar indevidamente o êxito de outros.

SETE DE BASTÕES

Se resguardar para o futuro

Significado do Naipe: paixão, movimento, iniciativa.

Significado do Número: Lammas – a colheita no mundo.

Significado Tradicional: a última linha de decisão e de defesa.

Estação: verão dando lugar ao outono.

Descrição: a imagem descreve uma família armazenando parte da colheita para uso futuro. Enquanto uma criança planta uma semente, uma família de cachorros está ao redor.

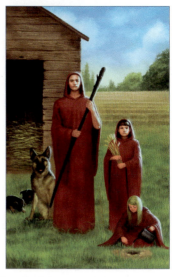

Muita recompensa pode representar uma faca de dois gumes, porque quanto mais tem, mais se tem a perder. A carta fala da chegada de dias mais longos e da urgência de se preparar para o inverno que se aproxima.

Na imagem, a família preserva sua colheita, protegendo-se contra o longo período de carência, do mesmo modo que os cães fiéis estão determinados a proteger a família. Trata-se da descrição do ciclo da vida, com a colheita madura, as crianças e os filhotes. A imagem ainda remete a um lembrete – todo objetivo requer trabalho árduo.

Estar na defensiva não traz segurança. Não podemos controlar a determinação do Universo. O melhor é estar preparado, pronto para encarar o desafio. Mantenha uma reserva da provisão, mas também dê algo em troca. Lembre-se, mesmo que o mundo acabasse amanhã, ainda assim é válido plantar uma árvore hoje, ou seja, por mais que tudo pareça perdido, não desista da luta.

Palavras-chave: defesa, proteção, valor, coragem, fé, bravura, resolução, ação.
Invertida: defensiva, exagero, melindres, provocação.

OITO DE BASTÕES

Correndo contra o vento

Significado do Naipe: paixão, movimento, iniciativa.

Significado do Número: Mabon/Equinócio de Outono – um mundo se preparando para dormir.

Significado Tradicional: movimento.

Estação: outono.

Descrição: um homem corre descontroladamente e feliz contra o vento forte, sem fadigar. Folhas vermelhas se soltam ao vento. Um gato na cor laranja acorda assustado e levanta a cabeça para observar o movimento do homem logo à frente.

O Equinócio de Outono traz um sentimento de urgência. Há tanto a se fazer e tão pouco tempo para realizar! O segredo do grande sucesso é a não acomodação. Planos estabelecidos no Ás de Bastões estão se desenrolando precisamente como desejamos, então, cuidemos dos últimos detalhes com alegria, entusiasmo, pois a finalização está próxima e a colheita é certa!

> *Viver o momento e não pensar no futuro. Viver a alegria trazida pela corrida, representada na carta pelo movimento do corpo, pelo fôlego. Mesmo que o vento esteja soprando contra, é apenas o vento, que o fará se sentir mais vivo e mais forte.*

Palavras-chave: velocidade, rapidez, eventos estabelecidos em movimento, viagem, mensagens, comunicação, fatos seguindo naturalmente o seu curso, resultados plausíveis.

Invertida: caos, confusão, atraso, frustração, fracasso.

NOVE DE BASTÕES

O fogo da terra

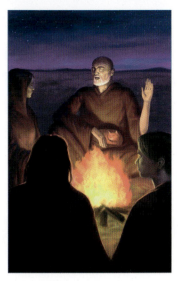

Significado do Naipe: paixão, movimento, iniciativa.

Significado do Número: Samhain – um mundo adormecido e abrindo portas espirituais.

Significado Tradicional: afastando-se, criando uma barreira.

Estação: outono dando lugar ao inverno.

Descrição: a imagem retrata pessoas se reunindo ao redor de uma fogueira ao entardecer. Um senhor conta histórias, um gato dorme em seu colo enquanto outros ouvem o relato.

O crepúsculo é um período intermediário, o equilíbrio entre o escuro e o claro, do mesmo modo que ocorre no Equinócio. Logo, as noites se tornarão mais longas que os dias e, então, nós acenderemos uma fogueira na tentativa de atrasar a escuridão o quanto possível.

O Nove de Bastões sugere que estabelecer barreiras a fim de nos proteger é o mais acertado para o momento. De acordo com a ilustração, o fogo cria uma barreira de luz na escuridão e nos traz segurança. A união com aqueles que confiamos e criamos um elo também está representada na carta.

A ilustração ainda remete à importância de ouvirmos a sabedoria daqueles com mais experiência, a fim de criarmos nossa luz interior, desenvolver discernimento entre o certo e do errado, o bem e o mal.

> *O aprendizado demanda tempo. Ouvir leva tempo, falar e até mesmo silenciar levam tempo. Portanto, diminua o passo, harmonize-se com o Universo, siga seu fluxo e usufrua de cada momento da vida, seja ele singelo, seja ele muito expressivo.*

Palavras-chave: proteção, defesa, energia, lealdade, força, disciplina.
Invertida: desânimo, martírio, deslealdade, defensiva, teimosia.

~ DEZ DE BASTÕES ~

O fogo queimando sob a neve

Significado do Naipe: paixão, movimento, iniciativa.

Significado do Número: um mundo melhor.

Significado Tradicional: o fardo e a jornada.

Estação: nenhuma.

Descrição: debaixo da pesada neve, o fogo é reduzido a brasas. Um homem coberto de neve anda em direção ao fogo enquanto carrega em uma das mãos madeira nova, a fim de avivar o fogo. Com a outra mão ele protege, junto ao peito, um gato na cor laranja.

A faísca que deu início à chama, na carta Ás de Bastões, precisou de cuidado, condições ambientais, recursos de abastecimento e tempo para virar cera. Crescemos para confiar na força dessa chama. Todavia, perante as dificuldades, achamos difícil, senão impossível, mantê-la acesa. Nesses momentos ela se torna uma obrigação, um fardo em vez de uma alegria.

A carta fala de vontade, de força interior que, apesar das adversidades e inconveniências, devemos alimentar até que estejamos prontos para deixar partir. Quando isso acontecer, encontraremos outra luz para cuidar.

> *O potencial e o potencial identificado estão conectados. O fogo continua a queimar do mesmo modo que continuamos vivos mesmo dormindo. Amamos mesmo quando não declaramos "Eu te amo". Mas é preciso dar expressão às coisas, é preciso agir, criar a mudança e o movimento e acordar. Lembre-se de que até na noite mais fria e escura, o Universo é lindo.*

Palavras-chave: fardo, obrigações, oportunidades, dever, responsabilidade.
Invertida: exaustão física, opressão, tirania, subjugação.

O NAIPE DE ESPADAS

As Espadas estão ligadas ao mundo elevado da comunicação, dos pensamentos, das palavras e da racionalização. É um naipe poderoso, já que Espadas representa o nosso lado mais racional, que normalmente comanda ações e relacionamentos.

Nós, seres humanos, aprendemos, calculamos, tentamos usar nossa perspicácia para encarar de modo inteligente os desafios que a vida nos traz, ou para levar vantagem diante das oportunidades. Muitas vezes, entretanto, o mundo racional que dizemos viver é apenas um subterfúgio para encobrir emoções, movimentos, necessidades, algumas vezes as mais básicas (vergonha, raiva, autoafirmação, luxúria e ganância).

Espadas também governam as palavras e compõem uma de nossas ferramentas mais poderosas – pelas palavras podemos humanizar, criar paz e harmonia, mas também usá-las para criar ilusões e nos esconder atrás delas.

No *Tarô Prateado das Bruxas*, Espadas são representadas por um punhal alado. Semelhante a uma faca, o punhal pode machucar, mas igualmente penetrar e clarear. E é alado, porque pode ir mais longe do que pensamos, quando livre das piores tendências. É um símbolo poderoso de esperança, responsabilidade e consciência.

Sem consciência, a inteligência pode ser perigosa, mas com consciência a inteligência se torna uma bênção do Universo.

ÁS DE ESPADAS

A fonte das palavras

Significado do Naipe: comunicação, racionalidade, inteligência, responsabilidade, lidando com sofrimento e conflito.

Significado do Número: a fonte de sua emoção.

Significado Tradicional: a fonte de sua razão.

Estação: nenhuma.

Descrição: a imagem descreve um punhal alado suspenso no ar, posicionado contra o sol e a lua, dividindo o céu. Borboletas coloridas circulam a lâmina.

Ideias e razão são elementos muito poderosos. Ideias criam realidade e a razão é a confiança (pelo menos para maioria de nós do mundo ocidental) que temos para determinar a verdade sobre algo. A espada, do mesmo modo que as ideias e as razões, são facas de dois gumes. Uma ideia pode flutuar na nossa mente tão leve e elegante como uma borboleta; uma morada em nossa consciência que pode mudar nosso mundo, para o bem ou para o mal. Mesmo a verdade, normalmente considerada algo bom ou desejável, pode ser manipulada para criar a cura ou, com a intenção maliciosa, para gerar grande dor.

Podemos ainda usar nossa razão para determinar a verdade ou convencer a outros a acreditar em uma mentira. Normalmente focamos na razão solar, que é linear, lógica. Todavia, a carta nos lembra que temos acesso à razão lunar, ao âmbito do emocional, baseada nas relações entre coisas e ciclos.

O Ás de Espadas representa um presente maravilhoso e poderoso, mas devemos usá-lo sempre de forma responsável.

> *A força da palavra excede qualquer fronteira. Pela palavra se criam ideias, expressa-se emoções. A comunicação aqui não significa somente partilhar ou receber uma mensagem de alguém, mas estar em constante interação com o Universo e com tudo que a ele diz respeito.*

Palavras-chave: lógica, inteligência, razão, verdade, vitória, decisão, claridade, plano de ação, justiça, conhecimento, comunicação.

Invertida: indecisão, escassez de lógica, impulsividade, ausência de comunicação, confusão, falha, injustiça, oportunidade perdida.

DOIS DE ESPADAS

Ensaios e Passagens

Significado do Naipe: comunicação, racionalidade, inteligência, responsabilidade, lidando com sofrimento e conflito.

Significado do Número: Yule/Solstício de Inverno – um mundo seguro.

Significado Tradicional: entendendo a necessidade de escolha.

Estação: inverno.

Descrição: a imagem retrata em meio à neve, uma mulher sentada, de olhos vendados. Ela segura dois punhais alados diferentes em suas mãos. Há pegadas na neve atrás da figura da mulher. Borboletas voam em volta dos punhais, como se fossem uma fonte de néctar. Rosas e lírios, ao mesmo tempo que florescem, congelam na neve.

Yule é uma estação de comemoração, mas há algo sobre a noite mais longa do ano que encoraja à prática da meditação. O mundo prático nos encoraja a confiarmos em nossa razão para tomar decisões de forma automática, mas, eventualmente, quando diminuímos o ritmo, refletimos e passamos a ouvir o nosso coração e descobrimos que tomar a decisão correta não é tão simples como parece.

O Dois de Espadas, que reconhece essa oscilação, mas também reconhece que a vida pede decisões o tempo todo, aconselha menos objetividade e mais coração, a fim de consultarmos um tipo diferente de razão.

A calmaria é o momento que antecede o movimento. E o movimento, entendido pelos conflitos e embates do dia a dia, pode ser transformado e utilizado como um instrumento de crescimento, se for adequadamente pensado e revisto. As decisões, devidamente, tomadas em momentos difíceis são importantes para clarear a estrada quando o sol voltar.

Palavras-chave: decisão, insuficiência de dados, ausência de fatos, negação, conflito, mente e coração em oposição.

Invertida: ignorar fatos, esquivar-se de escolhas, mentira.

TRÊS DE ESPADAS

A dor vem, a dor vai

Significado do Naipe: comunicação, racionalidade, inteligência, responsabilidade, lidando com sofrimento e conflito.

Significado do Número: Imbolc – um mundo despertando.

Significado Tradicional: entendendo a existência da dor.

Estação: inverno dando lugar à primavera.

Descrição: no alto da imagem há várias flores e lírios descongelando-se. A água obtida nesse processo de descongelamento forma uma queda d'agua na mão da figura de um homem logo abaixo. No chão, próximo ao homem, há um punhal alado que perfura um cálice desenhado na neve.

Imbolc é considerado um tempo feliz, porque o inverno está começando a se despedir, dando lugar a sinais de vida nova. Simbolicamente, a imagem remete às nossas ilusões que começam a derreter, a se desfazer – algo que antes era considerado verdade revela-se falso. Chocados com a dor, permitimos o toque da água gelada que fere nossas mãos e o nosso íntimo. Mas, desacreditando ou não, a verdade é uma constatação que com o tempo será adequadamente assimilada, ajustada.

> *Não podemos viver uma vida perfeita. Dor e sofrimento são parte do Universo – eles vêm e vão. A dor talvez possa representar uma experiência gelada, ao entorpecer nossos sentidos por um tempo, mas, no entanto, ela concede um momento valioso de despertar para o novo, para o diferente, para o inusitado.*

Palavras-chave: verdades dolorosas, desapontamento, mágoa, traição, deslealdade, infidelidade.

Invertida: confusão, falta de comunicação, malícia, mentira, crueldade.

QUATRO DE ESPADAS

À espera do renascimento

Significado do Naipe: comunicação, racionalidade, inteligência, responsabilidade, lidando com sofrimento e conflito.

Significado do Número: Ostara/Equinócio da Primavera – um período cheio de energia.

Significado Tradicional: entendendo a necessidade do silêncio.

Estação: primavera.

Descrição: a imagem descreve uma jovem agachada ao lado de uma lápide com um pentagrama gravado. Acima, na imagem, através de um vitral o sol brilha entre duas montanhas. Em volta da lápide há um pouco

de neve; a primavera já dá seus sinais. Com o sol a refletir em seu rosto, a jovem deposita sobre a lápide um punhal e flores frescas.

Ostara marca um período de reunir energias. Estamos prontos para explodir em ação desde o Yule (Solstício de Inverno). O Sol no horizonte nos impulsiona, entretanto, a ação pede equilíbrio que pede um momento de silêncio, de meditação, para contemplar a importância de dar e receber.

A carta fala da importância do "deixar ir", de delegar ao inverno a tarefa de levar o que não é mais relevante. Há coisas na vida que precisamos sepultar definitivamente. Contudo, devemos considerar, até mesmo honrar esses momentos, na mente e no coração, pois representam oportunidades valiosas de crescimento espiritual.

> *O renascimento leva tempo. A cura leva tempo. O entendimento, o envelhecer e o crescer tomam tempo. Amar também reclama tempo. Lembre-se: nem tudo que é incompleto é imperfeito, ou errado. Dê tempo para as coisas chegarem até você naturalmente.*

Palavras-chave: descanso, retiro, meditação, paz, recuperação, reagrupamento, ponderação.

Invertida: negação, obsessão, procrastinação, pensamento confuso.

CINCO DE ESPADAS

Impermanência

Significado do Naipe: comunicação, racionalidade, inteligência, responsabilidade, lidando com sofrimento e conflito.

Significado do Número: Beltane – um mundo crescendo e se conectando.

Significado Tradicional: entendendo a necessidade da vitória e da derrota.

Estação: primavera dando lugar ao verão.

Descrição: na imagem, com varas de madeira, um homem e uma mulher desenham juntos uma linha na areia. Os símbolos são aos poucos apagados pelas ondas. Entre o casal há um punhal fincado na areia com um vaga-lume sobre ele. O homem e a mulher sorriem um para o outro.

O período denominado Beltane (período que marca oficialmente o final do inverno), permite maior facilidade em nos conectarmos com o mundo espiritual, para elaborar mágicas poderosas, que dão resultados maravilhosos. É também o momento em que os opostos se juntam para criar algo novo.

Quando enfrentamos uma situação em que há um ganhador e um perdedor, podemos imaginar o quanto a linha entre nós e o nosso oponente é tênue no sentido de tentarmos entender seu ponto de vista, sentir sua experiência e até entender seus objetivos. A postura de empatia nos permite uma reaproximação do opositor, trazendo vantagem às partes, no sentido de encontrar nova solução para a questão.

> *Há ciclos na natureza. Não apenas as estações fluem regularmente, mas também marés e ondas que se movem ao longo do dia, seguindo seus próprios padrões. Produzimos obras – algumas memoráveis, outras efêmeras. Porém, todas obedecem ao mesmo grau de importância.*

Palavras-chave: vitória, derrota, humilhação, agressão, espírito esportivo.
Invertida: vitória ilusória, desonra, ausência de espírito esportivo.

SEIS DE ESPADAS

Viagem adiante

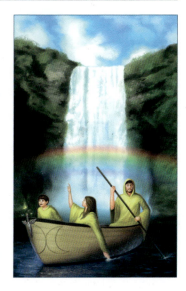

Significado do Naipe: comunicação, racionalidade, inteligência, responsabilidade, lidando com sofrimento e conflito.

Significado do Número: Litha/Solstício de Verão – uma explosão de beleza.

Significado Tradicional: entendendo a necessidade de seguir adiante.

Estação: verão.

Descrição: a imagem apresenta um barco navegando sob um arco-íris que, passando por uma cachoeira, leva um homem que rema sempre para frente e uma mulher que passa uma das mãos pela água e acena com a outra. A criança que também está no barco, acompanha toda a ação, em expectativa. Um punhal e borboletas figuram na proa do pequeno barco.

O dia mais longo do ano traz iluminação suficiente para se apurar o que precisa ser feito e o tempo para fazê-lo. Não apenas isso, mas as primeiras frutas do verão dão os recursos que precisamos para nos mover de uma situação não desejada para uma melhor. O clima calmo e o sol brilhante criam o ambiente perfeito para tomar a atitude necessária. A jornada pode ser longa e algumas vezes difícil, no entanto, parece que tudo está em conexão, o que favorece o nosso recomeço. A beleza do dia é como uma bênção em nosso projeto.

> *Nossos pensamentos e nossas ações não podem seguir sempre o mesmo padrão. Hábitos são como sepulturas para o espírito. Devemos atravessar o rio do passado para o futuro, do talvez para o sim, do ontem para o amanhã, do parcial para o todo, do apenas um dia para o sempre. A vida apenas segue o seu curso, livre de regras e convenções. Para cada oportunidade perdida, há outras a conquistar, porque o Universo, que é maior do que nós, sabe dos nossos anseios e necessidades.*

Palavras-chave: jornada, caminhar para a segurança, fuga, voo, viagem, assistência, admitir derrota, situação impossível, proteção, abrigo.

Invertida: estagnação, atraso, situação difícil, perigo oculto.

～ SETE DE ESPADAS ～

Quando o mundo empurra, você puxa

Significado do Naipe: comunicação, racionalidade, intelecto, responsabilidade, lidando com sofrimento e conflito.

Significado do Número: Lammas – a colheita no mundo.

Significado Tradicional: entendendo a necessidade da ação indireta.

Estação: verão dando lugar ao outono.

Descrição: folhas vermelhas são levadas ao vento num campo após a colheita. Uma mulher com cabelos desordenados e agarrada a uma árvore tenta resistir ao vento forte. Um filhote de tartaruga tenta, sem sucesso,
desvirar outro. Na mesma cena, um punhal está fincado no chão, uma flor o envolve enquanto uma borboleta voa pelas proximidades.

Mesmo quando tudo parece obedecer à normalidade, situações acontecem para atrapalhar o bom andamento da vida. A carta representa um alerta para os acontecimentos fortuitos, para revelações e para a importância de se tomar ciência acerca de dada situação, de modo a encontrar a solução mais acertada para a questão. Algumas vezes, com esforço é possível retomar o equilíbrio. Em outras, porém, não há o que fazer a não ser agir com discrição e calma. Após a tempestade é que poderemos avaliar o prejuízo e reagrupar, reorganizar.

Força estática versus força dinâmica – um choque de Titãs. Mas, nesse jogo de forças, onde está a sabedoria? Pense. É possível andar contra o vento? Sim. É possível impedir o vento de soprar? Não.

Palavras-chave: roubo, resgate, furto, desonestidade, sabotagem, traição, espionagem.

Invertida: exposição, elemento surpresa, plano sórdido sem êxito.

OITO DE ESPADAS

À frente da tempestade

Significado do Naipe: comunicação, racionalidade, intelecto, responsabilidade, lidando com sofrimento e conflito.

Significado do Número: Mabon/Equinócio de Outono – um mundo se preparando para adormecer.

Significado Tradicional: entendendo a necessidade de ação.

Estação: outono.

Descrição: a imagem descreve muitas cordas amarradas em uma árvore sem folhas. Uma tempestade se aproxima e gansos migram para o sul, na tentativa de se afastar da tormenta. Uma mulher, presa à árvore com uma corda atada em seu punho, usa seu punhal para se libertar.

Durante o Equinócio da Primavera, sentimos a necessidade de diminuir o ritmo antes do verão chegar com todo seu esplendor. Entretanto, o Equinócio Outonal traz o sentimento oposto, o de tomar ações rápidas e decisivas antes que o inverno chegue. Ao longo da estação, podemos estar ligados a algo que nos faça sentir seguros. Mas, conforme a estação muda, conforme nosso ciclo de vida se adianta, nossas necessidades mudam. A carta fala de esforço por libertação por meio da evolução espiritual. Por se tratar de uma prática difícil, que implica disciplina e reflexão, optamos pela estagnação, até mesmo durante uma vida. Porém, no ato de despertar e observar os sinais do Universo, somos recompensados com a libertação. Um pouco de raciocínio rápido e senso comum bastam para nos salvar da zona de tempestade.

> *Ao longo da vida construímos prisões, clausuras. Preferimos acreditar no que cem pessoas nos dizem do que confiar no que o Universo nos conta. Mesmo diante da tempestade, é possível sorrir e se livrar. Lembre-se de que a vida jamais é uma armadilha, antes, uma experiência.*

Palavras-chave: sentir-se preso, restrito, situação de risco, opções limitadas, desamparo, problemas complexos.

Invertida: vitimização, desistência, problemas fictícios.

~ NOVE DE ESPADAS ~

O som do silêncio

Significado do Naipe: comunicação, racionalidade, intelecto, responsabilidade, lidando com sofrimento e conflito.

Significado do Número: Samhain – um mundo adormecido e abrindo portas espirituais.

Significado Tradicional: entendendo a existência das consequências.

Estação: outono dando lugar ao inverno.

Descrição: a imagem descreve uma mulher abrindo a janela. Está nevando, e a neve adentra o quarto. Há uma cama compondo a ilustração, cujo cobertor traz a figura de uma árvore e sobre ela repousa um punhal.

O inverno remete à noite, é tempo de descansar o corpo e renovar a mente. É tempo de conexão com o mundo extrafísico, já que o véu entre os mundos é muito tênue. A estação propicia mais facilmente o fluir das mensagens do Além na nossa mente. Nosso coração anseia, nessa época, por se conectar com aqueles cujo amor não é menos verdadeiro, que não pertencem mais à esfera física. Queremos respostas e orientação. Porém, nem todas as vozes são para nós e nem toda orientação é boa.

É momento de deixar o discernimento falar diante da dificuldade e saber o que aderir, o que considerar e o que desconsiderar, o que realmente faz bem ao nosso espírito.

> *Quando abrimos uma janela, contamos com mais espaço e ar, contudo, o frio também vai entrar. Ainda assim, é impossível restringir nosso mundo em um pequeno espaço e considerá-lo completo. Mesmo perante o frio, é preciso se conectar e confiar na intuição, nessa "comunicação sem som" que o Universo oferece.*

Palavras-chave: pensamentos obsessivos, pesadelos, preocupações, culpa, aflição, opressão.

Invertida: insônia, uso excessivo de indutores do sono.

～ DEZ DE ESPADAS ～

No final, o começo

Significado do Naipe: comunicação, racionalidade, intelecto, responsabilidade, lidando com sofrimento e conflito.

Significado do Número: um mundo maior.

Significado Tradicional: entendendo a necessidade de términos.

Estação: nenhuma.

Descrição: em uma clareira no meio da mata há dez punhais plantados no chão. Muitas borboletas voam ao redor. A escuridão presente no primeiro plano da imagem dá espaço para luz e cor, a distância.

Términos são parte natural da vida, ainda que algumas vezes não sejam bem-vindos. Aproximar-se do final de um ciclo de vida é o mesmo que enfrentar uma parede repleta de espinhos, tentando separar o que foi e o que será. A parede é escura, então concluímos que o que está do outro lado também o será. Ao nos acostumar com a parede, percebemos que na verdade não se trata de uma parede, mas, sim, de um momento de transição, de mudanças. Mudanças acontecem todos os dias, porém não as vemos por serem tão pequenas. No entanto, elas se apresentam e parecem aderir a essa enorme parede.

A carta fala de tomada de decisão, de momento de desbloquear, derrubar essa parede e separar o que é real do que é ilusão. Então nosso foco muda, e o mundo, ora cinzento, mostra-se pleno de beleza e cor, pronto para ser explorado, vivido.

> *A mente é uma ferramenta poderosa de transformação. Ainda que a realidade não atenda às suas expectativas, aceitá-la e se adaptar a ela é uma maneira inteligente de viver. Lembre-se de que as mudanças apenas chegam quando a mente está pronta para términos e recomeços.*

Palavras-chave: rendição, final, desastre, derrota, ruína, fim de luta, concessão, desistência, reconhecimento.

Invertida: melodrama, impedir partida, negação.

CAPÍTULO 6:
AS CARTAS DA CORTE

Cada Carta da Corte caracteriza uma pessoa e, de forma muito simples, representa pessoas na nossa vida. Igualmente, as cartas podem simbolizar aspectos de nós mesmos. Aprender a diferenciar quando uma Carta da Corte é outra pessoa ou parte da sua personalidade se torna fácil após certa experiência. Entretanto, elas representam apenas uma face da personalidade, uma vez que seres humanos são multifacetados. Por essa razão, é mais fácil assimilar a simbologia das cartas do que entender as pessoas na vida real.

Tenha sempre em mente que as Cartas da Corte abarcam tanto o gênero masculino quanto o feminino, uma vez que o tarô é simbólico, não literal. Assim, o Rei Asas de Prata pode representar uma mulher enquanto a Rainha Luas de Prata pode representar um homem. A idade é também simbólica, pois Pajem pode ser uma pessoa mais velha, mas também alguém menos experiente ou em quem falte a vivência em uma área específica.

Reflexão

Todos nós levamos conosco um pouco de cada Carta da Corte, apenas expressamos nosso jeito de ser de forma diferente, dependendo da situação ou do contexto social, mas o que revelamos é sempre uma parte de nós. Um médico idoso e digno (quem sabe Rei de Bastões em nossa expectativa) talvez se comporte de forma infantil e maleável com seus sobrinhos (como uma Pajem de Cálices), ou talvez seja agressivo e barulhento quando assiste ao Superbowl na TV (como um Cavaleiro de Espadas).

Se deseja entender melhor as Cartas da Corte, pense nelas como parte de si mesmo, como atitudes, expressões de diferentes aproximações da vida e de várias situações.

De modo similar às pessoas, as Cartas da Corte apresentam qualidades e aspectos negativos. Em uma tiragem, ao usar as invertidas, os aspectos negativos normalmente se aplicam. Na posição padrão, confie nas cartas ao entorno e em sua intuição para decidir se são qualidades ou aspectos negativos que virão a jogo na leitura. Por tais cartas representarem pessoas, não há palavras-chave associadas a elas.

As qualidades básicas das Cartas da Corte são determinadas por quatro elementos: seu naipe, sua classificação, Sentir/Fazer e Aprender/Saber. Para quem já está familiarizado com os naipes, as ideias serão facilmente assimiladas.

- Pessoas de **Luas de Prata** são criativas, empáticas, simpáticas, nutritivas, sensíveis, amáveis, intuitivas e cuidadosas. São emocionais e valorizam o relacionamento. Elas podem, igualmente, apresentar certo traço de carência e sensibilidade, precisando de bastante atenção dos outros em sua vida.

- Pessoas de **Fios de Prata** são práticas, leais e estáveis. Tendem a valorizar dinheiro, recursos e conforto. Casualmente, são excelentes administradores de tais recursos. Devido à sua conexão com o mundo físico, podem parecer superficiais. Em acréscimo, sua contabilidade concisa pode levar à mesquinharia trazendo insensibilidade ou estagnação à sua estabilidade financeira.

- Pessoas de **Asas de Prata** são solucionadoras de problemas e idealizadoras de planos. São frequentemente precisas, espirituosas, inteligentes e comunicadoras inigualáveis. Algumas vezes podem parecer frias e distantes. Por ser tão sagazes, são rápidas em descobrir fraquezas alheias e podem se tornar conhecidas pela sinceridade aflorada.

- Pessoas de **Chamas de Prata** são conhecidas por seu carisma, sua energia, seu otimismo, seu charme, sua liderança e sua cordialidade. Podem ser determinadas e passionais, mas também egocêntricas, sempre à espera de ser o centro das atenções. Sua personalidade dócil pode facilmente se transformar em agressiva, um aspecto que as torna precipitadas, imaturas ou cruéis.

As classificações das cartas são igualmente de fácil compreensão, pois seguem uma hierarquia de autoridade e poder que certamente se esperaria de nomes tais quais Cavaleiro e Rainha.

- **Pajens** – São jovens, tanto cronologicamente quanto em termos de experiência e confiança. Curiosos e entusiasmados, talvez precisem de muita atenção e acompanhamento.

- **Cavaleiros** – São um pouco mais experientes e muito determinados. Talvez queiram fazer o que esteja acima de suas possibilidades.

- **Rainhas** – São maduras, confiantes e cuidadosas. Sentem-se bastante confortáveis com relacionamentos entre duas pessoas e podem ser egoístas.

- **Reis** – São maduros e extremamente confiantes, às vezes em demasia. Enxergam o panorama geral e estão mais interessados em dinâmicas de grupo do que em relacionamentos individuais.

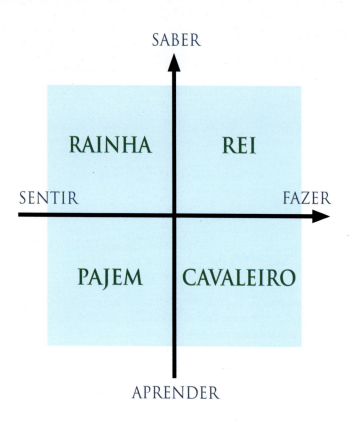

Pajens: Sentir/Aprender
Cavaleiros: Aprender/Fazer
Rainhas: Conhecer/Sentir
Reis: Conhecer/Fazer

Sentir/Fazer e Aprender/Saber

Trata-se de segmentos diferentes, outras formas de descrever as cartas tanto como "ativas" quanto como "passivas".

- Sentir é passivo, fazer é ativo. O sentimento é uma experiência interna. A atitude é uma experiência externa.

- A aprendizagem é ativa e o conhecimento é passivo. Aprender depende de explorar o mundo externo, enquanto o saber pressupõe-se de uma integridade interna.

Os Cavaleiros, tanto "Aprendizes" quanto "Empreendedores", são os mais ativos da categoria, enquanto as Rainhas, sendo "Conhecedoras" e "Intuitivas", são classificadas de mais passivas.

Reflexão

Nas Cartas da Corte há vários elementos recorrentes que dependem tanto dos naipes quanto da classificação.

O Elemento do Naipe é representado por um Espírito Elemental: Ondina para Cálices, Gnomo para Pentáculos, Salamandra para Bastões e Silfo para Espadas. Trata-se dos mesmos Elementais presentes na carta do Sumo Sacerdote, Arcano número V. O elemento é também representado pelo segundo plano: pode ser água, areia, grama ou nuvens.

Todas as quatro Pajens possuem aparência jocosa. Elas têm a habilidade de aproveitar ao máximo o momento presente.

Os quatro Cavaleiros estão sempre montados em seus cavalos, e há igualmente um Elementar próximo aos braços desses cavaleiros, a fim de expressar a natureza dinâmica do "vamos lá" presente nas cartas.

As quatro Rainhas mantêm o símbolo do naipe próximo ao seu colo, perto de seu ventre. Nas cartas da Rainha, o Elementar é normalmente livre para fazer o que lhe agrada, sob o olhar atento e benevolente da Rainha.

Os quatro Reis estão em um trono, assim como as Rainhas (mas seu trono é menos natural e mais sofisticado do que o das Rainhas), e o Elementar próximo a eles constantemente cria, libera ou permite algo.

PAJEM DE CÁLICES

A Sonhadora

Aprender e sentir as emoções

Descrição: na imagem temos uma mulher em uma vestimenta azul sob uma lua tríplice, com seus joelhos mergulhados na água. Ela segura no alto um cálice e sorri enquanto uma Ondina brinca na água à sua volta.

A Pajem de Cálices é sensível, curiosa sobre relacionamentos e aberta em relação aos seus sentimentos. Na verdade, ela aprende acerca do mundo e dela mesma focando em seus sentimentos. Ela se interessa por explorar os mistérios da vida e é muito receptiva a ideias físicas e metafísicas.

É criativa e construtiva e se expressa livremente. Pode ser excessivamente sensível, reservada e tímida e, às vezes, voluntariamente, pode ignorar o senso comum ou argumentos racionais.

Reflexão

Sonhar significa conectar os nossos desejos à realidade. Alguns sonhos podem representar a semente de algo a mais, outros vão apenas desaparecer, para futuramente ser tecidos em novos sonhos dentro do nosso coração.

CAVALEIRO DE CÁLICES

O Artista

Aprender e fazer as emoções

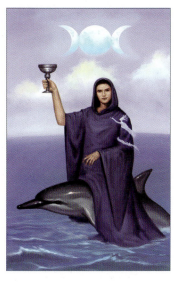

Descrição: a imagem apresenta um homem em vestes rituais azuis que "cavalga" um golfinho pelo oceano sob uma lua tríplice. Ele segura no alto um cálice, enquanto uma Ondina envolve seu braço esquerdo.

O Cavaleiro de Cálices é um sonhador e um romântico. Sente os fatos profundamente e se compromete de imediato. Uma vez envolvido em uma investigação, dificilmente desiste, mantendo-se verdadeiro até o fim. É movido por arte e pode ser um artista. Leva os sentimentos do coração acima de tudo e dificilmente será dissuadido por argumentos lógicos ou senso comum. Ele pode ser tão focado no que sente ser verdadeiro e em suas próprias emoções, que chega a ignorar a realidade.

Reflexão

Arte é um sonho tornado realidade. Não um plano, ou projeto, mas algo verdadeiramente feito da matéria dos sonhos, falando a língua dos sonhos, tocando emoções sem se preocupar com racionalidade e consciência. É também a razão pela qual algumas vezes a arte não é compreendida e rejeitada como algo sem consequência.

RAINHA DE CÁLICES

A Confidente

Conhecer e sentir as emoções

Descrição: sentada em um trono de conchas que emerge do mar, uma mulher em vestimentas rituais azuis, usando uma coroa, porta um cálice em suas mãos. Acima de sua cabeça, a imagem mostra uma lua tríplice brilhante e uma Ondina que toca harpa ao lado do trono.

A Rainha de Cálices é uma mulher quieta e introvertida, que ama arte e tudo o que é belo. Talvez seja a padroeira das artes. É geralmente bastante psíquica e intuitiva, frequentemente capta os sentimentos dos outros ao seu redor. É fácil ganhar a sua amizade, uma vez que ela consegue assimilar diferentes pontos de vista. Sua sensibilidade pode representar um fardo, pois ela pode ser excessivamente estimulada ou influenciada pela energia ao seu entorno. Para se proteger, ela se volta para a sua força interior, ignorando as emoções e os sentimentos alheios.

Reflexão

Confidência é um compartilhar de segredos frágeis e importantes que estão guardados em nosso coração. Dizem que receber uma confidência é tomar a responsabilidade de andar gentilmente sobre as emoções de alguém. Às vezes, pessoas de sensibilidade aguçada podem perceber segredos e emoções, assim como podem, também, receber confidências.

REI DE CÁLICES

O Curador

Conhecer e fazer as emoções

Descrição: sentado em um trono de rochas que emerge do mar, um homem em vestimentas ritualistas azuis, usando uma coroa, segura um cálice. Acima de sua cabeça, a imagem mostra uma lua tríplice brilhante, e uma Ondina próxima ao trono, derramando peixes de uma tigela para dentro do mar.

O Rei de Cálices tem o amor da família e é comprometido por qualquer grupo ou organização que ele faça parte. É quieto e pode parecer frio, distante, contudo, possui sentimentos profundos. Toma decisões baseadas tanto em suas emoções, quanto em sua intuição. No entanto, essa postura não o deixa tão confortável como deixaria a Rainha. Na verdade, às vezes, ele luta contra seus dons porque, independentemente da razão, ele prioriza a racionalidade, a sensatez. Ainda assim, nada arrefece seu amor pela arte, e ele frequentemente apoia empreendimentos criativos.

Reflexão

O tempo cura, mas não cura sozinho. Emoções podem ter tantas cicatrizes quanto o corpo, porém mais incisivas, já que não são aparentes. O poder de se curar e ajudar alguém é um dom poderoso que requer paciência, sabedoria e empatia com todas as expressões de dor.

PAJEM DE PENTÁCULOS

A Aprendiz

Aprender e sentir a estabilidade

Descrição: a imagem descreve um gramado com flores. Nesse gramado há uma grande moeda dourada e, sobre ela, uma mulher em vestes verdes que se alimenta de uvas. Ao lado, próximo às flores, há um Gnomo.

A Pajem de Pentáculos é inocentemente sensual. Isso é, ela ama a beleza do mundo e aprecia as frutas da terra. Ela é dócil e enxerga o melhor em tudo e em todos. Consequentemente, outros são atraídos pelo seu entusiasmo e pela vontade de compartilhar sentimentos e emoções com ela. Seu maior desafio é não perder o foco do espiritual. Ganância e preguiça são raros nela mas podem emergir de tempos em tempos.

Reflexão

Focar mais na prática do que na teoria e aprender mais pelo exemplo do que pelas palavras. Um recorte que pode ser aplicado a diversos segmentos, não apenas ao trabalho, mas na vida de relações. Às vezes, a presença é apenas imprescindível.

CAVALEIRO DE PENTÁCULOS

O Ordenador

Aprender e fazer a estabilidade

Descrição: a imagem descreve um homem em meio à floresta, em vestes verdes, que cavalga um veado e soa um berrante. O veado tem as patas dianteiras sobre uma grande moeda dourada; há fios que conectam a moeda ao veado e ao cavaleiro. Um Gnomo cavalga junto ao homem. Flores desabrocham nas pegadas deixadas pelo veado.

Semelhante aos demais cavaleiros, o Cavaleiro de Pentáculos é centrado, porém mais cauteloso, prevenido. Para alguns, ele pode parecer aborrecido e lento, contudo, está sempre muito atento ao que acontece ao redor. Ele observa e avalia, e no momento certo, toma atitude. Sua diligência é normalmente recompensada com coisas bonitas e úteis que seguem seu despertar. Se não está motivado, pode se tornar materialista, enfadonho e pesado.

Reflexão

Tudo deveria encontrar seu devido lugar. Ordem é algo que jamais deve ser mudado. As coisas devem estar no lugar certo, a fim de permitir uma conexão sutil entre tudo e o seu uso apropriado.

RAINHA DE PENTÁCULOS

A Conservadora

Conhecer e sentir a estabilidade

Descrição: sentada em um trono feito dentro de uma árvore, uma mulher com vestes verdes porta uma coroa. Ela tem uma grande moeda em seu colo e há fios em todos os lugares. Um Gnomo esculpe um dos lados do trono, e um coelho traz flores ao pé descalço da rainha.

A Rainha de Pentáculos é calma, serena e segura. Tem entendimento claro do mundo, de como ele funciona e trabalha dentro dele. Ela é prática, porém insiste na beleza e valoriza as habilidades, os talentos e artesanatos refinados. Nutre tudo e todos ao seu redor, trazendo à tona o seu melhor. Ela atrai abundância. Como as demais Cartas da Corte de Pentáculos, pode se tornar materialista ao perder de vista seus ideais. Apesar da sua aparente serenidade, ela pode, de tempos em tempos, apresentar traços de ambição.

Reflexão

Por mais impossível que seja proteger os que amamos dos perigos, ainda assim, tentamos. Sacrifício, atenção e benevolência, sozinhos não trazem alegria, contudo, representam um solo fértil onde a felicidade floresce facilmente.

REI DE PENTÁCULOS

O Provedor

Conhecer e fazer a estabilidade

Descrição: sentado em um trono feito de uma madeira perfeitamente esculpida, um homem, trajando vestes verdes e portando coroa, segura uma grande moeda entre as mãos. Um Gnomo tira sementes de uma bolsa e semeia o solo em volta.

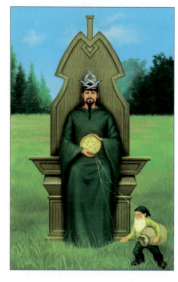

O Rei de Pentáculos ocupa um lugar bem confortável no mundo. Ele não apenas cria a prosperidade e conforto em sua própria vida, mas ajuda os outros a promoverem a prosperidade em suas vidas. Ele é generoso, um anfitrião maravilhoso e gracioso. Valoriza a família e o passado, contudo, sempre olha adiante, planejando o futuro. Pode tender ao materialismo e à ambição, ou ao abuso das facilidades do mundo.

Reflexão

Às vezes, é importante deixar de lado as próprias necessidades para dar foco às necessidades coletivas, entender como alocar recursos para diferenciar entre o que é necessário agora, do que será útil futuramente. Aceitar esse desafio não é tarefa fácil, pois requer um olhar amoroso às necessidades alheias.

PAJEM DE BASTÕES

A Inventora

Aprender e sentir a criatividade

Descrição: a imagem descreve uma mulher em vestes vermelhas, em meio ao deserto. Com as Chamas de Prata nas mãos, ela sorri abertamente. Uma Salamandra brinca na areia próxima a ela.

A Pajem de Bastões é uma pessoa pautada pelo entusiasmo. Ela ama estar em movimento. É guerreira, algumas vezes até em demasia, uma postura que induz a riscos, embora sua determinação e carisma a levem a ser bem-sucedida. Ela representa uma fonte de energia difícil de acompanhar e controlar. É calorosa e apaixonada, desde que tudo caminhe a seu modo.

Reflexão

Tudo que é novo precisa ser inventado, testado, saboreado, arriscado. Brincar com fogo pode ser um pouco arriscado, entretanto, o entusiasmo contumaz é a única forma de abrir as portas da criatividade.

CAVALEIRO DE BASTÕES

O Viajante

Aprender e fazer a criatividade

Descrição: a imagem revela um homem sobre um camelo no deserto, portando Chamas de Prata em sua mão e uma Salamandra em seu braço. Ele aponta para frente e segue trilhas na areia. Há pirâmides ao fundo.

O Cavaleiro de Bastões é extremamente apaixonado e age com determinação. Apesar de sua praticidade na vida ele frequentemente se apega a detalhes que, em certas situações, podem levá-lo à perda de foco.

Reflexão

Como o mundo é maior do que nossas experiências, o Viajante explora-o, dando um passo de cada vez, mudando e expandindo suas barreiras, à medida que desafia seus próprios limites.

RAINHA DE BASTÕES

A Musa

Conhecer e sentir a criatividade

Descrição: na imagem vemos uma mulher em um trono de rochas feito de areia. Ela está segurando uma Chama de Prata nas mãos e portando uma coroa na cabeça. Próxima a ela uma Salamandra usa algumas joias para fazer um ninho e aquecê-lo ao sol.

A Rainha de Bastões é uma mulher intensa e apaixonada. Conhece o poder que tem e não titubeia em usá-lo quando necessário. Ela é absolutamente leal e usará seus dons para ajudar a quem ama. Do mesmo modo que a Rainha de Cálices, ela é muito intuitiva, porém mais prática e menos sonhadora. Ao contrário da Rainha de Cálices, ela não tem problema algum em se proteger de influências externas. É uma ótima amiga, entretanto, pode ser uma inimiga poderosa.

Reflexão

A inspiração é outra chave da criação. Mesmo sem aptidão criativa, toda e qualquer ideia nossa será transformada em outra semente que germinará em algum lugar.

REI DE BASTÕES

O Arquiteto

Conhecer e fazer a criatividade

Descrição: a imagem retrata um homem em um trono feito de joias, segurando uma Chama de Prata entre as mãos. Uma Salamandra desata um nó que mantinha fechado um saco repleto de riquezas. Uma única palmeira garante sombra ao rei, protegendo-o do calor.

O Rei de Bastões é muito determinado. É um homem de grande visão, capaz de enxergar possibilidades incríveis nas piores circunstâncias. No poder puro da sua vontade, ele transforma areia em riqueza, gerando abundância onde quer que toque. Ele conhece e valoriza talentos alheios, mas pouco paciente com aqueles que não trabalham. Sua paixão pode virar impaciência e raiva ao sentir que está sendo desapontado.

Reflexão

Os melhores inventos não foram criados de um dia para outro. Um verdadeiro arquiteto entende a importância da paciência e da necessidade de planejar, deixar crescer de forma lenta e constante, até estar tudo acomodado, completo.

PAJEM DE ESPADAS

A Estudante

Aprender e sentir a racionalidade

Descrição: uma mulher com vestes amarelas sobre as nuvens ergue um punhal alado. Ela sorri abertamente enquanto um Silfo lhe oferece um livro fechado.

A Pajem de Espadas é astuta, espirituosa e rápida. Ela ama aprender, o que para ela é muito fácil. Sua mente é concisa, precisa e lógica. Tem senso de justiça e valoriza a verdade. Por vezes, enclausura-se no próprio interior, esquecendo-se de considerar os sentimentos alheios. Ela gosta de discutir e debater pela diversão que isso traz, uma postura que por vezes pode ferir suscetibilidades.

Reflexão

Há várias formas de aprendizado e várias formas de ser inteligente. O Estudante foca em aprender com a mente e sente prazer no conhecimento puro que encontra.

CAVALEIRO DE ESPADAS

O Realizador

Aprender e fazer a racionalidade

Descrição: na imagem, um homem com vestes amarelas sobre uma águia em pleno voo, porta um punhal alado que retine como se fosse uma espada. Na outra mão, ele segura um livro. Em meio ao céu estrelado, ele vai em direção à Estrela Polar.

Semelhante aos demais Cavaleiros, O Cavaleiro de Espadas é determinado, sabe onde quer chegar. Ele é o cavaleiro mais veloz de todos. Sua inteligência e sua língua são tão rápidas quanto ele, que ama expor sua esperteza, mas não se vangloria por ser realmente muito inteligente. O cavaleiro comprometido com a raciocínio lógico nem sempre percebe que tal postura não é compartilhada por aqueles de seu entorno. E, por conta disso, ele perde, por vezes, a oportunidade de enxergar a graduação das cores que moldam certas situações ao seu redor.

Reflexão

Mire longe, vá mais rápido, faça melhor. O Realizador dentro de nós sempre nos leva além, não pela curiosidade, mas pela ambição. Ele se mede apenas pelos desafios e acredita em sua própria força.

RAINHA DE ESPADAS

A Crítica

Conhecer e sentir a racionalidade

Descrição: a imagem apresenta uma mulher com vestes amarelas sentada em um trono feito de rochas. Ela está rodeada por nuvens e carrega um punhal nas mãos. Em sua cabeça ela porta uma coroa. Próximo a ela, um Silfo, com um grande pincel, escreve em um livro.

A Rainha de Espadas é perspicaz. Ela tanto aprendeu por meio da experiência quanto pelo estudo, e une os dois para um efeito melhor. Ela compartilha sua sabedoria, aconselha e orienta seus amigos e queridos nos momentos difíceis. É uma excelente planejadora e solucionadora de problemas. Pela sua experiência, irrita-se com aqueles que não estão dispostos a abraçar seus próprios desafios. Ela usa de sinceridade extrema na hora de dizer a verdade: "Se não quer saber, então, não pergunte".

Reflexão

A habilidade de não aceitar tudo pelo valor nominal, mas raciocinar e ter sua própria opinião pertencem aos críticos. A Rainha aceita os seus limites e os limites alheios, sempre traçando sua própria rota diante de cada opinião.

REI DE ESPADAS

O Juiz

Conhecer e fazer a racionalidade

Descrição: na imagem, sentado em um trono feito de pedras lindamente esculpidas, emergindo das nuvens, um homem, com vestimentas amarelas e portando uma coroa, segura com as duas mãos um punhal. Próximo a ele um Silfo lê um livro sobre um pedestal.

O Rei de Espadas ama eficiência e justiça. O conceito de certo e errado guia todas suas decisões e ações. Ele é cauteloso ao expressar sua opinião; é ótimo comunicador, apesar de ser frequentemente calado e observador. É igualmente excelente organizador e manipulador, pois facilmente convence os outros a fazerem o que ele quer.

Reflexão

No mundo real, algumas vezes é necessário tomar decisões acerca do que é certo e do que é errado. É uma estrada difícil, perigosa e solitária, que pode ser sustentada somente pela justiça plena.

CAPÍTULO 7:
TIRAGEM DO TARÔ

A disposição adequada das cartas em uma mesa é chamada de tiragem. É o que gera uma estrutura de leitura.

Uma tiragem ilustra como as cartas são dispostas na mesa e o que a posição de cada carta significa. Pela disposição, percebe-se como a energia de cada carta interage com a energia das cartas ao redor.

Cartas próximas umas das outras possuem certa relação, enquanto cartas enfileiradas na vertical representam uma relação hierárquica. À medida que interpreta as cartas, verifique se as figuras se alinham, frente a frente, ou permanecem distantes umas das outras. Essa observação pode ajudar a concluir se a energia está em conflito, desordenada, ou se move na mesma direção.

À pergunta feita, a carta em si e sua posição formam o significado final que o tarotista dará à carta. Sua intuição, igualmente, desempenha importante papel na leitura e não deve, em momento algum, ser colocada em segundo plano.

As tiragens vão do simples ao complexo, conforme podemos observar. Algumas refletem a necessidade da situação e requerem vários passos. Outras fazem uso de divisões específicas do baralho e pedem que o tarotista as separe em baralhos menores.

Além de serem úteis, a maioria das tiragens apresenta o benefício de ter sido usada e testada por outros leitores. Entretanto, sinta-se livre para experimentar e criar sua própria tiragem, ou modificar alguma que tenha encontrado em livros ou mesmo online.

Começaremos aqui a apresentar as tiragens mais simples, aumentando a sua complexidade. É notório que ambas podem dar bons conselhos e informações. Alguns leitores preferem tiragens mais simples, alegando que encontram respostas mais claras com número menor de cartas, porque cartas demais geram confusão. Outros pensam que um número maior de cartas possibilitam mais informações e, consequentemente, respostas mais precisas. Experimente e descubra qual tipo se adequa ao seu estilo de leitura.

⁓ TIRAGEM DE UMA CARTA ⁓

As tiragens de uma única carta são as mais fáceis, mas isso não as torna menos úteis. É do seu conhecimento, que cada carta é uma chave para se obter sabedoria mais vasta, ou seja, uma carta pode ser suficiente para responder a uma pergunta.

Tiragem de uma carta só não é bem uma tiragem, trata-se de mais uma técnica. A pergunta simplesmente é feita e tira-se uma carta.

Tiragem de uma carta durante o dia

Carta da manhã: *a que devo prestar atenção, hoje?*
Carta da noite: *o que devo aprender com o que me aconteceu hoje?*

TIRAGEM DE TRÊS CARTAS

A tiragem de três cartas é a favorita entre os leitores de tarô, porque é o meio-termo no quesito quantidade de cartas. Além disso, o significado da posição pode ser facilmente mudado para se encaixar a uma variedade de necessidades.

A maioria das tiragens de três cartas são assim:

A tiragem mais comum é:

- **1. Passado:** energia do passado que está influenciando a presente situação.
- **2. Presente:** a energia do momento que está no centro da situação.
- **3. Futuro:** o resultado mais provável se tudo continuar do jeito que está.

É importante perceber que toda tiragem com uma posição de "resultado" mostra apenas resultados prováveis, já que o futuro é incerto. Se o resultado não for de seu agrado, é possível mudá-lo usando as técnicas de leitura explicadas anteriormente, e ver quais as possibilidades de mudança. Faça uma leitura adicional e veja os resultados.

Outros significados da posição da tiragem de três cartas incluiem:

Em caso de dúvida entre duas opções, essa tiragem é apropriada. Caso tenha mais do que duas opções, adicione mais cartas para representá-las.

- 1. **Escolha A:** informação necessária sobre a escolha A.
- 2. **Sua atitude:** sobre a situação.
- 3. **Escolha B:** informação necessária sobre a escolha B.

Quando estiver em processo de decisão acerca de uma situação, aconselhe-se com essas posições.

- 1. O que fazer.
- 2. O que não fazer.
- 3. O que precisa saber.

Muitos leitores preferem a opção seguinte:

- 1. Corpo.
- 2. Mente.
- 3. Espírito.

Como podemos perceber, trata-se de uma forma bem flexível e adaptável de dispor as cartas, que pode ser mudada de acordo com a necessidade.

~ TIRAGEM EM FERRADURA ~

Esta é uma tiragem tradicional com muitas variações. Ao trabalhar com ela sinta-se à vontade para mudar qualquer das posições significativas, especialmente as da direita, para se adequarem às suas necessidades.

- 1. **A pessoa:** como se sente sobre a situação.
- 2. **Passado:** energia do passado afetando a situação.
- 3. **Informação adicional:** informação extra que pode clarear a situação.
- 4. **Presente:** energia no presente que está no centro da situação.
- 5. **Desafio:** algo que talvez esteja bloqueando a situação.
- 6. **Futuro:** energia no futuro que deve ser considerada conforme vai adiante.
- 7. **Resultado:** o resultado provável.

TIRAGEM DA LUA NOVA

Recomenda-se fazer essa tiragem na lua nova, para averiguar quais energias levemos focar nos próximos ciclos lunares.

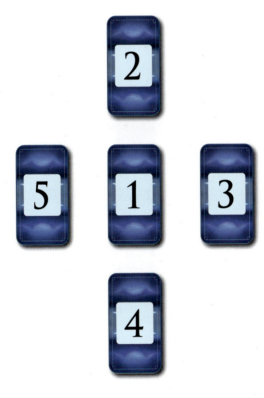

- 1. **Tema:** o tema que será apresentado em sua vida durante esse ciclo.
- 2. **Lua nova:** a semente que foi plantada.
- 3. **Lua crescente:** o que está crescendo.
- 4. **Lua cheia:** o que manifesta.
- 5. **Lua minguante:** o que libertar.

TIRAGEM DA LUA NOVA ALTERNADA

Tiragem vantajosa se o objetivo for buscar informação mais específica. Use as posições a seguir para saber mais sobre seus projetos.

- 1. **Projeto:** para essa posição, divida seu baralho e selecione a carta que melhor representa o que quer manifestar.
- 2. **Lua nova:** como estabelecer sua intenção.
- 3. **Lua crescente:** como alimentar seu projeto.
- 4. **Lua cheia:** o que é preciso fazer para completar seu projeto.
- 5. **Lua minguante:** o que é preciso eliminar ou mudar em seu projeto.

✹ TIRAGEM DOS SABBATS ✹

Essa tiragem pode ser usada em qualquer Sabbat. Na condição de praticantes mágicos, um dos motivos que nos levam à celebração dos Sabbats é "ajudar a girar a roda", por assim dizer. Não que a natureza precise de nossa ajuda, mas é uma forma de ficarmos em alinhamento com ela.

- 1. **Tema:** para essa posição, tire as quatro cartas (uma de cada naipe) que representa o Sabbat para o qual está se preparando. Por exemplo, a segunda para o Yule, a terceira para o Imbolc, e assim por diante. Embaralhe e tire uma carta. Esta é a face do Sabbat para focar neste ano.
- 2. **Fundação:** entendendo o que já tem e o que deve construir neste ano.
- 3. **Aspiração:** é o que deve perseguir este ano.
- 4. **Libertação:** é o que deve libertar este ano.
- 5. **Ação:** é a ação que deve tomar para ajudar a girar a roda este ano.

~ TIRAGEM RODA DO ANO ~

Esta tiragem é inspirada nas Casas Astrológicas comuns, que são tiradas e posicionadas em um círculo como um mapa astral e, com as posições sendo as mesmas das Casas. Aqui, usamos a Roda do Ano. Essa tiragem tem duas variações, bem parecidas com a tiragem da lua nova, uma que pode ser usada para uma visão geral e outra para um projeto específico.

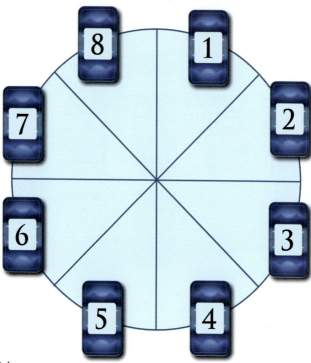

- 1. Yule
- 2. Imbolc
- 3. Ostara
- 4. Beltane
- 5. Litha
- 6. Lammas
- 7. Mabon
- 8. Samhain

Variação geral

A carta em cada posição indica o que se pode esperar para a data do Sabbat. Leia a energia do Sabbat anterior, diminuindo seu significado à medida que vai em direção ao próximo.

Variação de projeto específico

A única diferença no plano é que primeiro se divide o baralho e escolhe uma carta que representa seu projeto e a coloca no meio do círculo, e depois se usam as posições significativas conforme descrito a seguir:

- 1. **Yule:** o que receber do projeto.
- 2. **Imbolc:** como alimentar o projeto.
- 3. **Ostara:** como aumentar o projeto.
- 4. **Beltane:** o que aproveitar do projeto.
- 5. **Litha:** os primeiros frutos, o que o encorajará a continuar.
- 6. **Lammas:** a segunda colheita, o que lhe satisfará e criará abundância.
- 7. **Mabon:** a colheita final, que o sustentará e fornecerá sementes para o futuro.
- 8. **Samhain:** o que libertar.

~ TIRAGEM ADIVINHAÇÃO DE MAGIA ~

Muitos praticantes fazem uma adivinhação antes de realizar qualquer trabalho mágico, para ver se o feitiço terá o resultado esperado. Essa tiragem é feita em etapas. O número de etapas depende do resultado de cada passo.

Primeiro Passo

Inicialmente, trabalhe o feitiço que planejou. Quem já trabalha com magia está familiarizado com todas as possíveis ramificações e éticas envolvidas. Pense nelas com antecedência, como sempre, e faça a leitura para verificar. Se a situação não fluir de acordo com o planejado, refaça seu feitiço ou mude sua intenção até conseguir uma leitura satisfatória. Uma vez claros sua intenção e seu feitiço, realize a leitura a seguir para determinar os resultados do seu trabalho:

Leia as três cartas juntas para determinar o resultado. Se considerar satisfatório, avance para o último passo – Tiragem da Preparação do Feitiço. Se não, prossiga ao passo dois para distinguir o problema.

Segundo Passo

- **1. Intenção:** essa carta mostrará se há um problema com a sua intenção.
- **2. O Feitiço:** essa carta mostrará se há algum problema com o próprio feitiço.

É possível que haja problema com ambos ou com nenhum. Se não há nenhum problema distinto, nenhuma área para ser alterada ou modificada, então, reconsidere fazer essa mágica em absoluto. Talvez não seja tão de seu interesse, ou seja, para um bem maior, continuar com ela. Se há um problema com um, ou outro, ou ambos, repense sua intenção e/ou seu feitiço e repita os passos um e dois até estar satisfeito. Em seguida, mova para a Tiragem da Preparação do Feitiço.

TIRAGEM DA PREPARAÇÃO DO FEITIÇO

Nessa tiragem o baralho será dividido em cinco partes – os Arcanos Maiores e os naipes dos Arcanos Menores. As cartas 1, 2 e 3 serão tiradas da pilha dos Arcanos Maiores. A carta A será tirada da pilha Asas de Prata (Espada). A carta B da pilha Chamas de Prata (Bastões). A carta C da pilha Luas de Prata (Cálices), e a carta D Fios de Prata (Pentáculos). Se sua tradição usa diferentes associações de elementos para os direcionamentos, então, modifique-as de modo a refletir em suas práticas.

Essa tiragem é desenhada para se assemelhar a um altar. Cada posição representa o melhor aspecto para invocar o trabalho que se propôs a fazer.

- 1. O Divino.
- 2. A Deusa.
- 3. O Deus.
- A. O Guardião do Leste – Ar.
- B. O Guardião do Sul – Fogo.
- C. O Guardião do Oeste – Água.
- D. O Guardião do Norte – Terra.

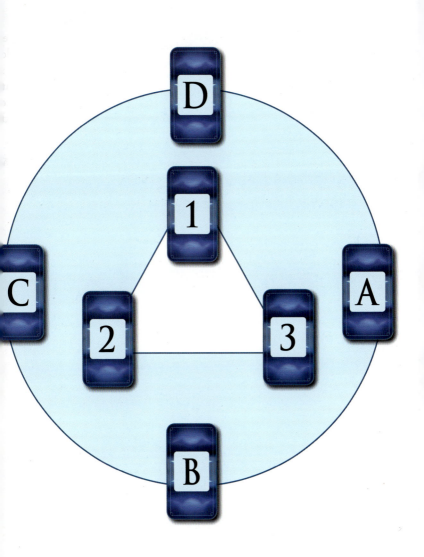

NOTA DO EDITOR

Quando entrei em contato com esta obra, logo pensei, "o que pode ter de tão diferente em mais um Tarô?". Em uma primeira leitura logo percebi que, nesse universo vasto que é a taromancia, nunca podemos falar que já vimos de tudo!

Barbara Moore, uma das mais conhecidas e respeitadas tarólogas da atualidade, nos apresenta em seu *Tarô Prateado das Bruxas*, um baralho mais voltado para a filosofia pagã, para os elementos da natureza, para a energia individual de cada pessoa; um tarô que atende bem ao Mundo Wiccaniano. Suas cartas equivalem aos significados tradicionais e suas áreas de vida correspondentes a esse universo. Um verdadeiro passeio entre a razão (intelecto) e a intuição (reflexão).

Neste lindo trabalho, Barbara nos traz uma observação criteriosa das imagens e a sua conexão com o que elas representam, permitindo ao leitor desvendar o que precisa ser revelado utilizando não somente a adivinhação, mas também o uso das cartas como um guia ou um companheiro de viagem que pode lhe conectar ao Divino, conduzi-lo à meditação e auxiliá-lo em suas reflexões diárias.

Traçando um paralelo entre o tarô tradicional e o *Tarô Prateado das Bruxas*, podemos perceber um peso maior nos números e em seus significados, no ciclo anuais das estações e suas associações temporais e nas representações que podem ser usadas para qualquer situação, independentemente da época do ano, sem, contudo, perder o lado clássico da taromancia.

É um tarô ricamente ilustrado. O leitor vai perceber na descrição de cada uma das cartas que está sendo conduzido por um caminho que leva à reflexão individual, ao entendimento da verdade de cada um. Uma interpretação única, digamos que até poética.

As bordas prateadas das cartas, em um primeiro momento, podem até parecer um mero detalhe, mas, com uma análise mais profunda da obra, podemos perceber que essa referência de tão bom gosto reflete não apenas em mera aparência, mas, sim, no toque pagão delicado da Lua de Prata – ou Cálice –, que nos purifica, símbolo associado ao Elemento Água. Na materialidade dos Fios de Prata – ou Pentáculo –, que a tudo se conecta e é representado pelo

Elemento Terra. Na impermanência das Asas de Prata – ou Espadas –, que regem os nossos pensamentos e gerenciam nossos conflitos, características do Elemento Ar. E, completando o ciclo, a louca vivacidade das Chamas de Prata representadas por bastões ou naipes de Paus, atributos do Elemento Fogo, guia das nossas paixões..

Neste livro foram apresentadas diferentes tiragens de cartas, da mais simples à mais complexa, e sua estrutura de leitura, auxiliando na interpretação e na conclusão necessária, revelando se a energia em questão está em conflito desordenada ou se ela se move na mesma direção e quais ações devem ser tomadas.

Experimente diversas tiragens, descubra qual tipo se adequa ao seu estilo de leitura e aproveite essas valiosas lições para trabalhar na busca pelo seu aprimoramento.

Edmilson Dura
Diretor Editorial